沒人雇用的一代

零工經濟的陷阱，
讓我們如何一步步成為免洗勞工

詹姆士・布拉德渥斯——著

楊璧謙——譯

HIRED

James Bloodworth

推薦序／

新時代的貧窮

林立青（《做工的人》作者）

自從全球化這個口號出現以後，世界各國都面臨了不同程度的衝擊，具有資本、專業技術的人才變得更加奇貨可居，跨國企業的成功，經濟數字的攀升以及各種數字都表現出了繁榮，所有經濟學家幾乎都一致認為全球化利大於弊，追逐財富及建立新的偶像。直到金融海嘯以後，人們才彷彿大夢初醒，接下來美國總統川普的當選，英國脫歐公投的投票，又讓人驚覺到其實社會上有一群人，他們一直存在，只是沒有被看見而已。

全球化的結果是全世界到處都有這樣的人：工作不穩定，薪資偏低並且所拿到的薪水只夠付房租和水電及便宜的食物時，人是看不到美好未來的。更糟糕的是相較於沒有希望的未來，過去的日子「反而比較好」：沒有這麼強烈的競爭，有穩定被雇用的工作……當現實生活中看不到希望時，反倒懷舊起來，對於現實的無力和不滿，逐漸轉化成希望回到那個熟悉的過去。

面對這些問題，作者採取了親身前去一一記錄的態度處理，他認為如果要改變社會，單純地從勞工階級進行並不可行，要做的應該是詳實記錄後，用真實的情形撼動中產階級，從而改變社會對於勞動者的偏見——勞工並非不努力，而是工作型態完全無法負擔改變，甚至無力改變，如同他書中所描述的：「為何藍領階級出身的作家如此之少？」

我在閱讀本書時，不斷被裡面所描述的事實所震撼：占去工資近半的房租，毫無保障的低薪，而正是因為這樣的生活困境，使得他們難以投資自我，更因為全球化的分工，本國籍的知識分子更少接觸這些「被雇用者」。書中強烈地表現出作者在親身體驗後，所感受到的不平和感慨。他筆下的亞馬遜大量雇用東歐移工作為替補人力，裡面的工作以及休息環境都讓周遭的人對他說出「你怎麼會來這裡」；而當地人更痛恨這種「因為你窮所以你應該要知足」的態度；駕駛優步以求取自由，則是另一個被剝削、並且更沒有保障的工作；關閉的礦場周遭有許多勞工在酒吧內抱怨；照護老人的長照制度在被效率切割後，每一次都帶著愧疚和不捨離去。

我發現這些工作的境遇在台灣也相去不遠：將移工國籍從東歐轉為東南亞，台灣的第一級產業同書中描述的礦場、各國的服務業工作內容都只能接觸到固定的人群，我們更應該思考，在新的時代裡面，我們對於貧窮的定義是不是錯了？

當這些工作都極度不穩定，沒有可以預測的未來性，無法支撐長期的生活所需，薪資在負擔生活必需以後無法儲蓄，生活處於隨時都可被替代的不安全感——這樣的精神和生活狀況，或許才是我們應該要面臨的貧窮問題。

推薦序／

這本書提醒了我也是那些被雇者

阿潑（文字工作者）

我一直相信，出版市場一直反映了大眾、社會乃至國家最關切的問題，讀者關心些什麼，對哪些問題相當在意，對何種議題帶著危機感，都能從出版品中看到一定的趨勢。

因此，原先從出版社那裡得到《沒人雇用的一代》的出版資訊時，並沒有太多感覺——過去幾年間，已有太多記者（或人類學者）透過實際體驗的方式書寫「底層」、探討貧窮問題，不僅歐美獨有，日本乃至於台灣都有類似的作品，有的是調查報導，有的成了非虛構書寫，即使貧窮與勞工議題並非我主要的研究興趣，相關著作還是堂而皇之地佔了我一整排書櫃。這似乎是不分國界、共屬於這個世代的重要問題。

閱讀完這本由英國記者詹姆士・布拉德渥斯完成的著作後，我對自己最初的自以為是感到抱歉。《沒人雇用的一代》並非為了描述「底層」而已，他要探討的是金融危機後，英國社會經濟、勞動市場的巨大改變，以及主流媒體吹捧的「零工經濟」、斜槓人生、微工作、共乘經濟、「後工作」等「趨勢」，背後的現實問題究竟是什麼？

直接跳到我的結論，也是我最大的感觸——這個藉著工業革命而強大的國家，就算經歷幾次勞工運動也有工會制度，擁有所謂的「工人文化」——腦中不時冒出E.P. 湯普森《英國工人階級的形成》這本書——但工人從頭到尾都還是生產線上的螺絲釘，沒有生命、不知生活、隨時都可以被拋棄。就像馬克斯說的，工人就只是工具。

我能夠感覺到布拉德渥斯體驗這些工作後，那濃濃的批判性與不滿，我讀到他的正義感。

「我想描述中產英國的優渥，一方面想寫出那個陰暗、不安穩的低薪世界，寫出房東的專橫、老闆的無良與勞工的絕望感，我想呈現兩者之間的衝突。」布拉德渥斯的工作體驗從亞馬遜的倉庫作業員開始，經歷過居家照服員、保險客服人員，一直到最後成為優步司機。每份工作都在不同的城鎮，於是，不僅描寫這些工作本身的細節、相遇人們的故事、英國的經濟問題外，也大篇幅地刻畫該地區經濟產業的起落與變化，例如礦場關閉後，大量的工人失業，卻等著迎接大規模的企業進駐，例如亞馬遜或特易購，認為那是區域再生，會有更多工作機會。不料，那些活兒就算是當地人也無法忍受，於是轉變為移民／工大軍的進入。

「至於那些羅馬尼亞同事，連英國勞工最基本的權利都不太清楚，不論遭受多嚴酷的對待，在他們心裡，像這樣的專制仍屬正常。這就是英國，這裡的人分為兩種：一種希望你們通通回家去，別來搶工作，另一種會寫信給自由派媒體，稱讚你們真是好勞工，認真工作，實在令人敬佩。」布拉德渥斯寫的這段話，是否很眼熟？沒錯，這可以回過頭來看台灣，他見證的許多問題：不論雇主的苛刻、房租的暴漲不合理，乃至於移工／移民的處境，是連我們都能感同身受的。

作為一個高學歷的中產階級，我不能說自己很了解這些工人的困苦與被剝削的情況，但我仍然是個獨自北上、必須在都市的不合理房租條件下，苦苦尋房的「被雇者」／勞工，也是個必須看業主說話的「零工經濟」體驗者。因此，書中提及的許多部分，我都頗有共鳴——出於諸多原因，包含在倉庫揀貨或電話客服的工作，我也曾經歷過，相當清楚這類工作的枯燥且必須剝奪感受的樣態。

人當然不是機器，但在這個後資本主義時代，不論管理書怎麼談「以人為本」，談人性，然而，整個世界、社會仍然呈現某種「去人化」的趨勢：以ＡＩ取代人工、透過手機程式來管理……「人」在生產端消失了，在消費端也不容易見。

其實我應該很清楚這一切才是。我曾在媒體寫著大企業的故事，說著他們的成功，談著那些管理方法，就像現在媒體談優步、談亞馬遜老闆的財富那樣，但在這同時，那些企業的員工、我的同學朋友則跟我說：不不不，你沒看到我們痛苦的樣子。

讀這本書時，我忍不住想起自己不時從亞馬遜等網路商場購物，享受快速便捷的到貨服務，打開細心的包裝後，取出商品的喜悅——但未曾想過另一方有哪些血肉之軀在承受嚴苛的環境工作。於是，我立刻想起自己在悶熱倉庫當揀貨員的那段時間……這本書或許提醒了我：自己也是那些被雇者。

各界推薦

你可曾想過以下問題：零工經濟、自雇者……等新潮用語，是否成了企業擺脫責任的藉口？光鮮亮麗的營收數字，背後有什麼骯髒不堪的黑暗面？科技化管理模式，是否正走向奴隸制度的老路？

作者以四段親身經歷，告訴我們企業完美形象背後的真相，以及潛藏在自由體制下的奴隸現況。若你想真實地了解這個世界，這本書就是你的最佳選擇！

——林長揚／簡報教練、懶人包設計師

一八八七年，美國記者奈莉．布萊佯裝成精神病患，潛入紐約黑井島的女子精神病患收容所，臥底十日。最後揭露大量精神正常女性遭誤診而被迫入院，以及收容機構非人道管理等黑幕。

二〇一六年，英國記者詹姆士．布拉德渥斯親身體驗英國各地血汗工作，臥底半年。最後呈現那個「陰暗、不安穩的低薪世界」，臥底見聞錄，再寫新頁。

——楊斯棓／方寸管顧首席顧問、醫師

念過書，有一份還過得去的工作，付得出各種帳單，偶爾吃頓大餐，每隔一陣子還能出國旅遊一趟……這樣的人生很理所當然，還是其實脆弱得難以想像，只要幾個意外接連發生，原本正常的生活就會崩塌，連帶地把我們推入社會的底層？如果我們以為天真地相信資本主義和科技發展會帶來更美好的將來，這是一本會讓人驚醒的書！

——萬惡的人力資源主管／作家

所有人必讀的一本書。

——《衛報》

一本揭開零工經濟隱藏陷阱的佳作，呼籲大眾不該坐以待斃。

——尼克．寇恩／英國知名記者、作家

儘管本書寫的是英國，但其主題是生活在後工業經濟時代的每一個人終將遇到的困境。喬治．歐威爾和厄普頓．辛克萊應該會對後繼有人而感到欣慰。

——麥可．韋斯／CNN記者、暢銷書《恐怖的總合》作者

目錄

前言

二〇一六年初，陽光重新露臉，冬日寒霜漸褪之時，我駕著一輛破老爺車離開倫敦，前往平常看不見的另一種生活。

現今每二十名英國人中，便有一名只靠最低工資餬口，出身並現居沒落的某產業或製造業重鎮，在這些人之中，外來移民所佔比例也逐漸提高。

為了探討英國低薪工作的現況，我決定實地體驗：跳進龐雜無章，且缺乏人情味的生產機器，成為打造英倫繁榮的一枚小螺絲釘。我打算深入支薪過低的機構，一探究竟。我將前往這富裕社會的邊緣，與生活捉襟見肘的男男女女為伍，觀察長久衰退後，就業率是否如預期提高，大家都能安居樂業。我要加入的這群人，就業不易，要找到一份穩定又令人滿意的工作，可能比得到奧斯卡獎還難，而這樣的人越來越多了。

二〇〇八年經濟危機後，英國官方奉「撙節」為圭臬，聲稱政府「已經沒錢了」，因此大砍公共服務預算，或者外包給民間企業，起碼會比公營有效率吧。

從此，舉國上下似乎自我感覺更加良好：大家都認定英國就業率屢創新高，對勞動市場的變化樂觀看待——如此陽光的想法，正是忽略了當代經濟波動的本質。沒錯，在比例上有工作的人變多了，卻有越來越多人的薪資待遇欠佳、勞動環境高風險且工時不穩定，工資成長又跟不上物價變動。經濟危機後，全英國的自雇人數超過一百萬人，其中多半從事「零工經濟」（gig economy）活動，勞動權利不受保障。每星期只要兼差五小時，可能就不屬於政府認定的失業人口，因為算是「有在工作」，可也付不起房租。即便是做全職，前景同樣堪憂：英國正經歷史上最長期的薪資停滯，凍漲多年終於調升。

在本書中，我打算寫出勞動的不穩定本質，以及英國經歷的種種變遷。半個世紀前，艾倫．西利托（Alan Sillitoe）在次文化小說《年少莫輕狂》（Saturday Night and Sunday Morning）中，描寫反英雄主角亞瑟在諾丁罕工廠擔任車床加工員，或許亞瑟很痛恨這無聊透頂的工作，但要是身體抱恙，他起碼還能請一天病假休息，現在的工廠可沒這種福利。

如果老闆沒空理亞瑟，他可以找工會幹部抱怨幾句；不幸被炒魷魚了，工作再找就有，不難不難。當時的鎮上總有幾家酒吧和俱樂部，是下班後喝酒社交的好去處。總而言之，儘管當年勞資雙方的鬥爭永無止境，大家都很清楚，大環境已經產生了根本改變。

昔日社會民主的年代，約於一九八四年前後謝幕，當時對待罷工示威的辦法，就是出動警棍伺候，打得工人頭破血流，虧保守黨出身的前首相麥米倫（Harold Macmillan）還曾稱呼勞工是「這世上的一等人，能擊退威廉二世和希特勒的軍隊，還具備永不服輸的氣魄。」小報上刊載了抗爭現場的相片，示威礦工遭警方徹底擊潰，昏死的臉龐佔滿整個版面，這景象似乎精準捕捉了那一刻對工人運動而言，是多麼痛的領悟。

經過短暫過渡期，男女勞工紛紛又落入原先做牛做馬的處境，資方只願勉為其難容忍他們的存在，或許還帶有相當鄙夷，勞工從此再難發聲。

誠然，過去四十年，英國人的整體生活品質獲得大幅改善，若是一味懷舊，只會鑽進死巷，毫無助益。雖說自由世界逐漸成形，另一個世界卻逐漸瓦解。礦藏沒有了，多數工會也近乎關門大吉，只剩少數組織苟延殘喘，又因為公部門限制而綁手綁腳，難有作為。要是西利托筆下的亞瑟活在今日，大概會和資方簽份零工時合約，進到昏暗的倉庫開始勞動，備受恫嚇，心中不安，老想著要爭取兩分鐘上洗手間，好暫時逃離領班用鼻孔看人的視線。要談論勞動現況，必得觸碰階級議題。每一代人都聲稱階級已死，事實上，好多世代過去了，階級都未曾真正入土為安。向來，一旦在階級的社會秩序中失足，往往會一路跌進無窮貧困，但到了今日，光是稍微向下流動，就可能燃起內心的階級仇恨。

本書是我對當今勞工階級生活的報導，不在印證個人既有偏見。實際起步前，我對會有怎樣的進展都一無所知。說實話，我本來抱持著開放的心態啟動計畫，在過程中不免受影響，反倒變得更偏激一些，畢竟經過親眼目睹，我發現許多情況竟比原先所想還糟，而我本以為，這世上屬一屬二富裕的國家裡，根本不會有這些事發生。

然而，回到「正常」世界隨便拿起一份英國報紙，字裡行間，不時流露一種態度：窮人之所以過得慘，是因為他們道德淪喪，也對人生重大決定不痛不癢，毫無責任感。

顯然，老派維多利亞式的觀感仍深植人心。那個年代，已有亨利．梅休（Henry Mayhew）報導十九世紀倫敦社會現況，著成《倫敦勞工與倫敦貧民》（London Labour and the London Poor）。在出版這部斷代誌第四卷時，他加上了這樣的副標題：一部分人好好工作，一部分人不能工作，一部分人不肯工作。

今日社會慣用這不切實際的斷然劃分，其實也是承襲自維多利亞時代：那時流行偽科學的階級理論，結論就是把國內的底層人扔進濟貧院，對海外殖民地的窮光蛋則亮出刺刀伺候，開膛破肚。怡然舒適的榮華，與悲慘下賤的汙穢之間，並不如許多人想像般橫越著一道鴻溝，事實上，要在當代英國誤入貧困，一點也不難，而且很多時候跟個人做了哪些選擇，並沒有太大關係。

我不會說這趟「臥底」之旅的體驗，可以等同於那些不得已之人身處其中的經驗。我終究只是個過客，如果真的撐不下去，大可到銀行領錢，或盡快抽身回去過舒服的日子。我之所以親身參與，從不是為了站在自我中心的立場，取得理由來捍衛我觀察方法的「真實性」。起初，我的想法很簡單：最有效的觀察方法就是跳進去，藉此就能好好探究低薪勞動的景況。直至今日，我的想法都未曾改變。

我在觀察之旅中，很少遇過有哪個工人能得空向《衛報》投書，理直氣壯地表達意見，闡述自己平常怎麼生活。所以，為何當今出身藍領階級的作家屈指可數？工作性質正是一個原因，因為他們的生活型態根本無法支持趕稿出書的條件。從事寫作最最基本的先決條件，至少得有足夠空閒，能好好坐下來，不受打擾地寫出個八萬來字，同時不必擔心突然斷電，或餓得頭昏眼花，無以為繼。

工人階級的寫作之路，途中可見太多阻撓，縱使有千言萬語，也難成字句。本書的存在，但願不會成為工人階級寫作的另一障礙。向來，凡是意欲改變工人階級現況的運動，都得打動夠多的中產階級，才有可能成功。而我相信，寫幾部像本書一樣的著作，正是一種有效的推動手段，同時也不過分細碎，不只是寫給已對議題有感的人翻閱，也不只是一本同溫層間流傳的小冊子而已。

此外，我還想說明一件可大可小的事：本書提及的工作類型，我其實在二十歲出頭時早都做過了。我出身薩默賽特橋水市，由母親獨力養大，很早便對學校教育失望，因此輟學，後來歷經幾次困苦重考，才終於上了大學，成了家裡四個孩子中唯一的大學生。因此，這本書不是什麼「下探」貧民窟的體驗紀實，而是趟重新審視的旅程，帶我重返當初掙扎逃離的世界，好好看一看。

我不想寫出什麼大部頭巨著，用枯燥浮誇的方式探討「撙節」或「貧窮」，畢竟這種書已經夠多了。我只想親身體會人間疾苦，就算只經歷一小部分也好，然後寫下來，寫一本有關真實人類生活的書。

做好打算後，我便著手實行。參與觀察之初，我只草草寫上粗略計畫：打算花六個月時間，只要是最低工資的職缺就去應徵，有什麼做什麼。一開始，我連旅程的起點都不確定，只有一個打算，很簡單：在哪邊找到工作，就去哪邊，然後盡可能只靠這份新工作來養活自己。

一路上，我邀請很多人坐下來聊聊，對他們進行訪談，也只有這些訪談對象知道我的真實目的。在這些時候，我暫時揚棄假扮的面貌，又一次成了一個寫作的人。要是有哪個老闆知道我在幹嘛，一定只會派個低階公關人員來敷衍我，事實上，過去我曾找上一家機構訪談，真的就遇上這樣的事。說起來，當時我也對一般訪談厭倦了，知道受訪的人自己都不信這些話，聽著他們為了拿錢而撒謊，我不想再聽到這些，才決定不如自己跳進去看看吧。政治局勢方面，自我開始書寫後，一任政府下台了，新組的內閣取而代之，暌違近三十年，英國政治出現一抹社會主義氣氛。大西洋另一頭，立場善變的美國新任總統上台，無疑在英國社會中重燃了一股承諾之情，意欲援助所謂「遭棄」的一群人，與其他受全球化波及，自覺喪失政治發聲權的人。這股同情氛圍可能會很快消散，但憤恨之情仍將徘徊不去，因為很多事你得享有安逸與富足，才有本事視而不見。

說到底，本書談的是二十一世紀的勞工階級生活。書的主旨是記錄轉變，描述工作如何從一種驕傲淪為無情無人性、對尊嚴的踐踏。本書呈現一系列勞動處境的快照速寫，而非詳盡的調查研究。畢竟，我無法遍訪各地，也沒辦法做遍每份工作，觀察所有的雇主，但我也不認為自己的所見所聞僅僅是特例。我很肯定，若讀者走出家門，必定會親眼見到與書中描述雷同的景象，回頭再讀此書，相信會心生不安，頗有感觸。

詹姆士・布拉德渥斯，寫於二〇一七年十一月

PART 1

魯吉利

1

傍晚，六時一刻，午餐時間的鈴聲響起：廣播器隆隆作響，傳遍倉庫每個冷颼颼且了無生氣的角落。這鈴聲聽起來活像低檔門鈴音樂，也像在模仿一種珠寶盒旋律，讓人想起塑膠女伶總站在盒蓋上，隨著音樂徐徐旋轉，但這鈴聲的揣摩卻顯得有幾分詭異。

我排著隊，手插口袋，正等著往外走，虎背熊腰的警衛突然一個箭步衝上來，指示我兩手舉高。「往前走，老兄，我可沒那個閒功夫等你慢慢晃過去。」他沉穩地說。我向前，讓警衛給我迅速搜身，後面還排著一條高低不平的隊伍，約有三十名看來累壞的男女，其中東歐移工佔多數。三名警衛盡力把這群人推過安檢掃描機。大家都趕時間，沒空搭話，只忙著掏空口袋，拔下衣服上所有可能過不了安檢的配件，比如皮帶，手錶，甚至連褲袋裡的帹片也不放過，就怕那癱軟黏膩的小東西會冒犯敏感的金屬探測器。

前方隊伍卻發生了點騷動：一名警衛和一個憔悴的羅馬尼亞年輕人起了口角，正為一支手機吵得不可開交。我們都很困惑，只安靜地看著。

警衛：「你明明知道不能帶這個進來，你進來的第一天就應該知道啊。」

羅馬尼亞人：「我要等一通很重要的電話，我房東說要打給我。」

警衛：「你可以等下班再說啊，別人都可以，你為什麼不行？已經好幾次了，但我還是要再講一遍：不、准、給、我、帶、手、機！懂了沒？好，我要去跟你們經理講。」[1]

這地方的氣氛，就和我想像中的監獄沒兩樣。多半規定都是為了預防輕微竊盜行為。每次換班，都得通過機場級的超大安檢門，就算只是休息或上廁所，也要走過一遍，無一例外，進出一次大概要花十或十五分鐘。排隊等警衛檢查口袋的這些時間，不算工資。進工廠不准穿連帽上衣，也不准戴墨鏡。「如果你昨天喝多了，眼睛充血，一看就知道。」一位臉色紅潤又身材壯碩的女士警告道，口氣嚴峻。到職的第一天，這位名喚維琪的女士就來給新人下馬威：「眼睛會告訴我們很多事。」[2]

大夥在這大工廠裡走來走去，在這斯塔福郡鄉間，約有十座足球場大的廠房裡，經歷許多揮灑血汗的時光，才等來這短短的休息時間，終於可以喘口氣。

午餐——我們還是稱為午餐，儘管要到傍晚六點才吃得到——堪稱一次輪班十個半小時的中間點。經過漫長的例行安檢，所有人湧進大食堂，再往四面八方分散，宛若一隊螞蟻大軍飛向蟻巢般。大部分人劈頭就往食堂裡衝，抓了餐盤排隊去，只想搶到好位置。爭先恐後的大隊人馬中間，偶有夾雜幾聲吼叫和怨聲載道，因為比較好吃的熱食數量有限，一下被前面二十幾個人掃光。可見僧多粥少，越早卡位越好，就算要擠開同事也在所不惜。這種時候沒人在講什麼義氣啦，踩在別人頭上才有飯吃，我不踩你，你就踩我。如果像那位冒失的羅馬尼亞年輕人卡在安檢這關，還挨了一頓聽不太懂的臭罵，可能得再等上六七個小時，才有機會見到可口、香噴噴的絞肉浸在肉汁裡，盤裡還堆滿濺粉泥。

食堂地板擦得發亮，屋簷下充滿東歐話的交談聲，好像帶動了整個地方的活力，活像座營業中的劇院般燈火通明，還總有一股濃濃的消毒水味。五十多個人坐在桌前，對著小而黑的餐盤埋頭，一匙接一匙鬼祟舀起絞肉和薯條，往嘴裡送。吃飽喝足，羅馬尼亞人總能收拾乾淨，不留一點殘渣，老實說他們大概是我所遇過最一絲不苟的工人了。除了和我們同桌吃飯的幾人，其他十來名男性圍著咖啡機，從頭到腳，一身運動服，手插口袋，一有女士婀娜走過拋來媚眼，便悄悄跟上前去。食堂另一頭，有一扇大窗戶，可見發電廠那巨大的灰色冷卻塔。循著大煙囪的身影往上一望，可見煙囪將陣陣白煙嘔進空氣裡，寒鴉環繞滑翔，好似紙片餘燼翻飛。

這工作有個福利，就是供餐價格實惠，喝茶和咖啡也不用錢，販賣機也多，不必搶。吃一頓飯，有絞肉、馬鈴薯塊或薯條，配一罐飲料和一條巧克力棒，共花費四點一鎊，只比準備食材的成本稍高一點，而且食物都是熱騰騰的，如果自己包三明治，要吃的時候都涼了。吃的東西和餐費不是問題，真正難的是要爭取時間，我本人成功在午休時間內吃完一餐，喝光一杯茶的次數，手指頭就數得出來。

表定的午餐時間有一個半小時，但實務上，吃飯的時間勉強只佔一半，而且總是匆匆忙忙，一刻不得悠閒。好不容易走進餐廳，得先穿過一片人山人海，從餓狼似的同事間推擠出一條路，才能端著餐盤坐下來，這時還有十五分鐘時間吃飯，可以狼吞虎嚥，解決之後，又得花一番功夫走回廠房裡。回程，路上會有兩到三名英國本地人主管，始終如一地等在工作站前，比劃著他們腕上一只不存在的錶，咄咄逼人地大吼，指控工人遲到三十秒：「今天有說午休時間延長了嗎？」「我們不是付錢請你來泡茶聊天的！」[3]

在亞馬遜上班就是這麼回事，全世界生意做得最大的零售業者。我任職於集團旗下一家大型物流中心，擔任訂單揀貨員。工廠位在斯塔福郡的魯吉利鎮，約雇用了一千二百名左右的員工，大多數同事是東歐裔，其中又以羅馬尼亞人佔多數。羅馬尼亞人見到有本地人來此工作，總是嘖嘖稱奇，不懂為什麼有英國人會想委屈自己。

「我只是好奇問問，但你是英國人嗎？在這邊出生的？」對，我是英國人。「那你怎麼會來做這個？我沒別的意思啦。」來工廠上班的第二天，一個紅髮微胖的女孩子這麼問我。[4]過了一星期，她見到我便抓住我的手臂，猛力搖晃，說她好想離開，好想馬上打包行李回家。「我討厭這裡，我恨這裡的一切。」她咬著牙，嘶聲說。她和男朋友一起來英國，原本只打算做一個月，存點錢帶回故鄉——一個外西凡尼亞旁的小村莊。殊不知，不論是工作本身，或者這個城市，都和原先想像的英國完全不同，英國不該是這樣。「我討厭這些人，我討厭髒兮兮的泥巴，我也討厭這工作……我根本不喜歡這個國家……有好多印度人。到處都是！」

亞馬遜這座超大廠房，建在運河與發電廠之間的荒地，同一條路往下走，還有家經營死牛買賣的公司。我們工作的這工廠，是一幢外型如鞋盒般的方正建物，外牆漆上泳池般的淡藍，在工業區不斷吐氣的煙囪風景與潮濕綠地中，看來不大和諧。工廠有四層樓，人事管理也俐落地分配為四大部門，一部分人核對並拆開雪片般飛來的訂單，一部分人將商品上到架上，第三部分人——也就是我所屬的這群——負責準備好訂單上的品項，最後一部分人則包裝好產品，準備出貨。揀貨員的工作就是在狹長窄小的通道上來回走動，從兩公尺高的架上挑出需要的品項，再放進黃色大塑膠箱——或稱「拖箱」。這些有輪的拖箱會放在藍色的金屬推車上，四處移動，裝完訂單物品，再往下送到巨大、貌似永無止境的輸送帶，輸送帶沿著建物的長邊延伸，彷彿河川入海一樣。通常，一天平均裝箱四十次，每次送到輸送帶上的箱子裡都裝滿書本、DVD和各色雜貨。

我們沒有主管——我的意思是，沒有一名會呼吸、有血有肉的真人主管。這裡的每個人都配有一部手持裝置，可以追蹤我們的一舉一動，恰似監獄裡的囚犯。每名輸送帶主管約負責管理十二位員工，他們會躲在廠房裡某個角落，端坐案前，把指令輸進電腦。通常是警告你要加速，裝置螢幕往往突然跳出「請立即回報揀貨櫃檯」或「你過去一小時內的速率下降，請提高速度」。還會按照每個人從架上收集品項和裝箱的速度，由高至低列出排行。比方說，上工第一周主管就通知我，我的揀貨速度是倒數百分之十的：「你動作要快一點！」如果有空做點白日夢，不妨想像未來的人類可能身上會有纜線連接到電子裝置（像我上班戴的這種），一天二十四小時，全天候上線無休止。

除了預告受機器箝制的前景，這樣的演算法系統管理模式，正重現了泰勒（Frederick W. Taylor）的「科學管理」理論。一九一一年，這位有錢的費城工程師出版專書，闡述將科學方法應用於勞動活動的潛力。科學管理的理論認為，每項工作的進行都應施以嚴密控管：監看、計時並記錄工人表現。工人是生產單位，用機器進行生產時，其產出的測量方式，應同於測量機器生產量的方式，並詳加記錄一切細節。如同當時眾多知識分子，泰勒在闡述其理論時，同樣未曾考慮到，工人階級畢竟是有血有肉的人——相反地，他們常把勞動力看作一種資源，可物盡所用，創造利潤。

「筆者堅信，好好訓練一頭聰明的猩猩搬運生鐵，有可能做得比人類還好。」泰勒認為有些人根本「心智不夠成熟」，「無能」理解管理理論，便在行文中冷嘲熱諷一番。[5] 到了二〇〇一年，管理學院會員（Fellows of the Academies of Management）甚至票選泰勒的《科學管理原理》（The Principles of Scientific Management）為二十世紀最具影響力的管理學專書。[6]

除了泰勒式管理學，二十世紀的共產主義實踐，也在當代勞動場所中借屍還魂，比方說種種告誡之語。亞馬遜倉庫的內牆上，漆上一條條正向思考的口號，一旁是眉開眼笑的員工，強調本公司全體員工都工作愉快。在一面等身大的人形立牌上，「貝姿」女士振振有詞地表示：我們超愛來上班，排休的時候還會想念上班時間呢！更有甚者，所有東西原來的名字好像都不能用了，得換上委婉的說法，連叫這裡「倉庫」都像犯了什麼法一樣。第一天上班時，公司就會告訴你，這房子乃是

「物流中心」或簡稱「物流」。要是闖禍了，你不是被開除或炒魷魚，而是被「釋出的人力」。此外，有鑑於「老闆」和「工人」這樣的分類，會暗指出檯面下暗潮洶湧的勞資對立，當然也就棄而不用。在公司裡，大家都是「夥伴」，不論職位高低，都是同志。

回到工作上：每名揀貨員在倉庫昏暗的通道中，來回推動拖箱一個早上，平均可賺二十九鎊。在寫作此書之時，亞馬遜的CEO貝佐斯，身價已達六百零七億美元，一個早上就能賺進整整十四億英鎊。看來，一視同仁使用「夥伴」這種稱呼，不過是混淆視聽，讓你以為真的身處一個美滿幸福的大家庭。「貝佐斯是我們的夥伴，你我也是。」到職那日，一名亞馬遜主管愉快地告訴我們。[7]

好，目前為止都還不賴，只不過這種行話怎麼看都是刻意模糊界線，讓人忘記一小時七鎊工資的揀貨員生活，和銀行帳戶裡躺了十四億是完全不同的兩回事。半夜才下班回家的「夥伴」，拖著沉重的兩條腿，腳板上的水泡經過一天勞動，腫成原先的一個半大，早就化膿了，日子過得可比貝佐斯這樣的人壞多了。正是因此，生活優渥的人才能用美妙修辭堆砌出那輕鬆寫意的世界，無視血汗揮灑的刻苦現實。

話說從頭。亞馬遜的招募程序經過兩家仲介業者嚴格考核，我是透過 Transline 找到這份工作的。

這家仲介之前曾出了醜聞，因為有名員工在外吹噓自己辦事能力強，擅長「搞掉」求職者的尋職津貼：「如果就服處（按：就業服務處）介紹的人沒來面試，我就讓他們三個半月拿不到補助……一群米蟲……如果他們放我鴿子，就給他們一點教訓，想想都覺得痛快。跟你打賭，他們應該哪天就拿槍來堵我了！」這位女士因為這冷酷的發言，遭到永久停職，公司名聲也一落千丈。[8]

在 Transline，如此雅好對下屬作威作福的人，可不只一個，往往還是職位不高的小主管。小暴君簡直到處都是，如果這周沒有支付全額工資，又不知好歹地去追問主管，他們大概只會敷衍你，一派輕蔑，好像你不過是鞋面上撣下來的灰。

像我們這樣的揀貨員，在 Transline 簽的都是零工時短期契約。我去和公司要了好幾次，總拿不到詳細合約內容，後來公司裡才有個人告訴我，其實根本沒有白紙黑字的合約，因為我簽的只是零工時合約，公司不想費事。面試那天我所看到的合約，在我填上必要資料之後，就「刷」一聲被收走了。要過九個月，亞馬遜才會決定聘你當正職還是一腳踢開。實際上，能好好做完九個月都算運氣很好了。進亞馬遜的第一天，公司就表明，我們得表現「極為傑出」，才可能考慮留人。同時，他們耳提面命，提醒我們千萬別「用打工的心態看待這份工作」。[9]上班第一天，一整個下午耳邊都是這句話，聽得快爛了。

留任轉正職成了一份獎勵，在眼前晃啊晃的——「我們只留最好的人」——吊吊胃口，像條餓狗咬住了鮮美多汁的牛排，口水直流下來，到手的肉卻突然被搶走：「大概還有七十個人要應徵這幾份工作，所以別抱太大期望。」進行工作簡介時，一名Transline代表不屑地表示。那時，在採光良好的辦公室裡滿是求職男女，個個臉上寫滿期待與渴望，反而給這話增添了些許悲觀味道。

若成為亞馬遜正式員工，等於獲得「藍色員工證」的地位，人人稱羨。有幾位亞馬遜的員工曾告訴我，公司常利用想得到一紙員工證的心理，誘使派遣人員做自己原先不願意做的工作。

「基本上，他們是用騙的，好叫大家乖乖聽話。」室友克里斯表示。他是羅馬尼亞人，三十三歲，有點禿頭，眼神柔和，因為菸抽多了，嗓音略微沙啞。「之前，有些職缺釋出，主管就跟我說『嘿，你要改班表，才能幫你爭取正職。不用很久，幾星期就好了……』結果做了三個月。喔，反正後來也是給別人啦。」[10]

當時，我們兩個是站在廚房裡聊天。包含我和克里斯在內，我們是五人分租一棟小房子，是一幢紅磚色、屋齡超過五十年的房屋，蓋在一片崎嶇不平的地段上，當初是建給礦工住的「工人的宿舍」，這稱呼一直沿用至今。這些擁擠雜亂的房舍，一撮一撮散落在坎諾克查斯地區。由於房子頗為破爛，就算躲到屋裡，也不能完全躲開早春時節室外陰冷煩人的天氣。廚房那頭，最靠近窗邊的部分結了一層露水，閃著銀白亮光，和院子裡的草坪以及潮濕的路面一樣。前院最靠外側的部分立著頗高的圍籬，上頭掛著遛狗人士遺留的小黑袋，風吹日曬，等到袋子破了，裡面的髒東西就流淌到路面上。

這一天，克里斯正在壁爐上炸馬鈴薯，還從冰箱裡拿了幾條油亮的粉色香腸，打算配著吃。從吃的東西就能分辨出屋裡住的是哪國人，比方說，醃製或煙燻加工肉品配啤酒，這是東歐人的家鄉味。培根配雞蛋，加一點冷凍食品，是英國人吃的。帶黃斑馬鈴薯和米飯一起上桌，東南亞人要開飯啦。看來，要在這英國古城找到多元文化的蛛絲馬跡，與其整天在鎮上閒晃探看，不如走進別人家，一開冰箱，一切便一目瞭然。

出租的房屋有個常見景象，就是把原先的客廳改成一間臥室，好讓房東能多收一份租。我們房東為人倒是不錯，不過設備和家具還是清一色的便宜貨，一碰撞或出問題，大概就會整組壞掉。我睡的房間裡老是有股廉價油漆味，聞了讓人想吐。一個月停電好幾次是家常便飯，上班前想沖個澡也常常沒有熱水可用。廁所因為沖水馬桶不太靈光，洗臉盆又髒兮兮，瀰漫一股臭氣。有一次，廚房裡的燈突然全熄了，因為正上方的浴室洗澡水放太多，滲進樓下廚房的天花板，燈具進了水便故障。蟑螂三不五時就從壁腳板竄出，在滿出來的垃圾桶邊悠哉閒晃。屋內採用中央空調系統，一鍵操控，意思是整間房子不是悶得受不了，就是冷得讓人牙齒直打顫。

除了我和克里斯，其他三名室友分別是：一位羅馬尼亞人，名叫克勞烏迪歐，以及一位名叫喬的英國本地人，和他太太擠一間小房間。我很少看到克勞烏迪歐，喬倒是沒事就喜歡站在門邊抽菸，往人行道吐痰。喬頂上稀疏，一身刺青，蠟黃的臉滿佈皺紋，個性容易緊張，總是匆匆忙忙，急躁的樣子頗像一隻鳥。我搬進來的第一天，他就有禮貌地和我握握手，稱呼我「英國同胞」，他說：「我們英國人啊，就應該守在一塊。」然後告訴我，跟前一個房客比起來，我的到來讓情況大為改善。「天殺的，之前那傢伙脾氣實在夠差。」

住這裡的五個人都在亞馬遜工作，如果走路上班，大概要花四十分鐘。克里斯之前做過十一個月的流程導覽員，相當於副理的職位，負責監控同事的工作表現，如果換班時發生品管問題，也要馬上下去解決。克里斯告訴我，他在羅馬尼亞時，還頗算「受人尊敬」，在這裡卻只是一顆小齒輪，畢竟光是英國境內，亞馬遜就雇用了將近八千人，儼然一頭機器巨獸，你我都顯得微不足道。[11]克里斯正如我遇見的眾多羅馬尼亞移工，聽信了對英國的美好描繪，來到此處才發現事實和想像相距甚遠。

「有些仲介從羅馬尼亞找人來，就能賺仲介費。有個英國人就在做這個……好像叫約翰吧，我就是透過他公司介紹，才來英國工作的……仲介都會騙你，跟你說：『好，你可以去約翰路易斯百貨或其他地方工作』，其實都是騙人來亞馬遜。好啦，他們可能一開始也想介紹我們去百貨公司，結果人家沒缺人，但仲介真的對誰都講這種話，像我這樣履歷比較漂亮的也一樣。」

對付克里斯這樣的工人，仲介公司還會不斷洗腦，警告他們要是搞砸了，後面還有一大群同鄉隨時等著補上來。聽多了這種故事，腦中不禁浮現工人階級作家昆布斯（B. L. Coombes）的幾句話，出自他一九三九年描寫威爾斯煤礦工人的小說《窮苦的雙手》（These Poor Hands）：

一個有工作的人，走到外頭來，看見一群人等著要份工作，頓時感覺糟透了。這場景正好提醒他，老闆想怎麼對他都可以，因為想著外面有這麼多人，排隊等機會，他才不敢起來爭取自己的權利。

我和克里斯分租的房子，算是他來英國之後住過較好的地方了，至少房東不會整天想榨乾他的錢。近年，英國的購房出租市場蓬勃發展，很多人買了房子後就出租，其中有好房東，也有人只把房子當作資產「組合」，希望多從房客身上撈油水，早點回本。英國的房地產自有率已創三十年來新低[12]，超過三分之一的公有建物都落入私人手中，成了出租標的。同時，二〇〇七年至二〇一六年間，購屋出租標的抵押估銀行放款比例從8.5%成長至17%。[13]要買自己的房子越來越難，出租房產的房東卻越來越多，購屋出租當包租公包租婆，也成了有利可圖的事業。二〇一五年，相對於所有權人從房地產增值獲得的平均利潤，勞工收入還不到這價差的38%。[14]

像克里斯這樣的人，初來英國時還搞不懂自己的承租人權利，便成了崛起的收租階級眼中，最好下手的搖錢樹。這類不擇手段坑錢的房東，有些人本身也是移民或移民第二代，往往先對東歐老鄉以禮相待，哄住他們後再猝不及防地直攻房客的錢財。先培養信任，然後像頭餓壞的老鷹猛衝下來，一雙眼睛只盯著肥美獵物。一開始，房東的話都很合理，擺出光明正大的模樣，等你鬆懈下來，搬家成了麻煩事，房東就開始出手，租金押金一併漲個三、四百鎊，有時還開口要到一千鎊。這正是克里斯和他許多朋友的親身經歷。

「如果跟羅馬尼亞人租房子，通常房子裡會有老鼠、房間很小，單人房就是放一張床，一星期卻要你付六十五鎊——沒加其他設備。不只房租高，還要再挖你的口袋要更多錢。很多房屋仲介都不合法啦，所以他們會突然跟我說，要再付三百六十鎊到三百七十鎊，就算之前有預付租金也一樣，而且我明明只住幾天就搬走，想起來還真是噁心。他們會突然跟你說：『喂，你還要再多付一些。』基本上，來亞馬遜上班，根本沒空管其他事，像我就沒那個閒時間去找仲介吵架……所以我摸摸鼻子，自己搬走了。」

一邊和我聊著，克里斯一邊倒扣平底鍋，倒出炸得香脆的薯片，有些掉出盤子，彈到地板上，天一黑，那些從牆板裡竄出來的各種生物，就能撿來當晚餐吃了。

「這些人就想著要錢，一直逼你吐出來。我在這邊所有的朋友都遇過。我之前租屋處那邊，有個人還住在那，現在也遇到一樣的問題了。他要預付三百四十鎊，然後又叫他再預付三、四個星期的房租。」

如果仲介遇到爛房客，也會丟給羅馬尼亞人。

「他們會把吸毒的房客丟來我們這邊，比方說正在被告的，或已經判刑在等入獄的。只要對方願意預付兩到三星期的租金，他們才不管那麼多，通通丟給你，自己只要收到錢就好。之前有個毒蟲衛生習慣很差，真的夠噁爛，房間裡面一堆垃圾，都淹過小腿肚了吧。我整個傻眼，味道超難聞，真的住不下去。那些毒蟲不但髒，還偷冰箱裡的東西吃，我告訴仲介，結果沒下文，他們根本就不管。」

我和克里斯不一樣，是自願選擇亞馬遜的工作，想走也有後路。不過，更重要的一點是，如果我受不了，也不怕挨餓受凍，東歐人面臨的情況卻嚴苛得多：二〇一六年四月，羅馬尼亞平均淨月薪是四百一十三鎊，鄉村地區的收入自然更低，難怪要出外討生活。[15]

「我們需要這些錢生活……現在我還得養家，時不時就要寄錢給他們，不然就沒飯吃。我們是可以去住森林裡，總不會真的餓死，但還是需要用錢，錢就是個問題。」

和其他羅馬尼亞人一樣，克里斯漸漸發現自己只是在做苦工，所以聽到我這個英國人竟自願來亞馬遜，大家的反應都是一臉不相信。「你幹嘛做這鳥工作？」「怎麼不做別的？」「你真的是英國人？」幾乎每一天，我都會被這些問題轟炸。許多同事沒有別的退路，只能去賺一百四十三鎊的周薪，粗茶淡飯，依靠稀薄的社會福利維生。東歐城市的路面比這裡還破爛，貧窮也造成髒亂市容。相較之下，我們租屋處的廚房，儘管垃圾桶臭氣沖天，也沒那麼慘。

近來流行一種說法，把克里斯這樣的人描述成「很高興能來亞馬遜工作」：這些移民希望邁向人生新階段，我衷心祝他們心想事成——但這種話恐怕和現實有點出入。和克里斯在廚房對談過幾天後，我在酒吧遇到一位羅馬尼亞年輕人這麼跟我說：「在這裡，你可能做牛做馬，上班四天，就賺個二百四十鎊。對，我在這裡誰也不是，但回去羅馬尼亞，不只誰也不是，連吃飯也吃不起。」

2

魯吉利是個斯塔福郡的小鎮，這座市鎮景況破敗，宛若伯明罕或士魯斯柏立等中大型城鎮的可憐手足，永遠冷落一旁。這小地方像是不會發生什麼大事，就算有顆原子彈橫過倫敦上空，這裡大概也像沒事般照常過日子。鎮上那些臉色蒼白又邋遢的人，仍會無精打采地進出慈善義賣商店，到市區大街上的餐廳外帶食物吃。來來去去的可憐人，捧著不穩的飯碗，待遇欠佳，不論對當今或未來的政治人物來說，這些人都毫無存在感可言。

魯吉利難以獲得什麼關注，因為英格蘭中部和北部滿佈這樣無足輕重的小地方。休假時，我常到大街上的小咖啡店喝杯茶，店裡採光明亮，舒適宜人，正面的大窗戶灑進大把早晨的陽光，在紅白格紋桌布上形成黯淡的粉色反光。菜單很簡陋，只供應全套英式早餐：麵包夾培根和香腸，甜點是烤蘋果奶酥佐蛋黃醬——整間店裡充滿老舊氣息，兩座塑膠置物櫃塞滿廉價軟糖、大黃和奶凍捲，歪歪斜斜自牆邊向天花板堆上去，更加重了時光遲緩的氣味。小茶館氣氛慵懶，與世無爭，沿大街往下走幾步，那間連鎖的咖世家（Costa）卻總是擠滿了人，又是另一種截然不同的光景。

回到這家小茶館，平常門可羅雀，只有寥寥三、四人光顧，上門的人大部分也是和老闆有交情。店裡開著收音機，但聲音微弱，幾乎退為背景，也正因為整家店的氣氛寧靜，一有人開口，就會把整間店的人都拉進對話。

「各位，今天國家彩券加碼，三千三百萬鎊啊。」某天下午，一位年輕女士一邊推著嬰兒車進門，一邊宣佈道，身上的大衣還慘兮兮地露在門外，隨著微風來回拍打。「你下了多少？」她問老闆。老闆是位豐滿的中年女士，年約五十上下，總是一臉憂心。

「最近鎮上好冷清，」老闆回答：「連超市都沒什麼人。」

我向那位年輕女士搭訕，詢問鎮上的就業情況，她堅定表示，亞馬遜裡面「都是東歐人」，和我所知相去不遠。

「他們都從伯明罕搭火車來，一下就來一大堆人，還以為是在國外的車站咧。聽說，有人睡在運河橋下，反正就是那類的地方。」

這時，店裡一位駝背的老太太尖聲加入談話，用一種滿是同情的語氣，表達對魯吉利湧入外地人的看法。

「我覺得這不是什麼文化差異……我是說，他們就是沒錢啊。這些人也很窮……有點像我們啦，但他們決定要跳上巴士，進來英國，到亞馬遜討口飯吃。其實他們的處境很容易理解，真的。」

話說完，老太太稍微挺直肩膀，摘掉眼鏡，瞇起雙眼，緩緩搖頭。「真的不難理解。尤其是那些十八、九歲的女孩子，走這麼長的路來，就為了從早到晚的工作。」

推嬰兒車的女士告訴我，當年亞馬遜進駐魯吉利時，可是「轟動全鎮的大事」。

「本來會有很多工作機會，結果這裡誰也沒拿到，對吧？現在大家反而都超不爽。聽說是因為休息時間什麼的，很多人都開始不想幹了……就是叫你在手臂上戴個東西，連你走了幾步都知道。」

這位女士忿忿不平，不過炮口倒不是對著移工，只是不滿亞馬遜比較喜歡雇用外國人。

「他們才沒想過要請本地人呢！」我走之前，她又出言指控。

「是沒想過，還是請不到？」我問。

「看起來都沒用過這裡的人啊，我的觀察啦。」

我問她，這邊的理何礦場什麼時候歇業的。

「說起來也有一陣子了，對吧？連發電廠都要關門了。」

「六月要關。」老闆打岔道。

「所以，有多少人要丟工作啊？」我終於問出這個問題。

推嬰兒車的女士說：「聽說大概一百五十個？還是發電廠要裁兩百個？」

老闆說：「對，兩百個。」

有兩個二十幾歲的失業年輕男子，偶爾也會結伴來這店裡喝杯茶，偷偷翻看《太陽報》和《魯吉利紀事報》。他們常邊吃午飯邊抬槓，有時吃完了還去隔壁的酒吧續攤，繼續爭論不休，主題不外討論「那些整天坐在沙發上吃吃喝喝，也不肯工作」的「米蟲」，不免也提到外勞問題。還有個啤酒不離手的失業男，本來是木匠，好幾次一碰面就用瘦削的手揪住我的手臂，以粗嗄刺耳的嗓音說他兒子到處找不到地方住，都怪——這時，他往往忽然壓低聲音——「那些東歐來的」。

根據二〇一一年的人口調查，魯吉利居民的外籍人士比例仍低於全國平均。[16]不過，從小酒吧結霜的玻璃窗往外一看，大街上有許多「羅馬尼亞來的」，宛若可怖的烏雲籠罩全鎮，隱隱夾帶威脅。木匠先生說自己也有移民朋友，跟「其他那些不一樣」，這些朋友都是「不錯的人」，但面對其他移民，他就「理也懶得理」。「他們來了這麼多人，一下火車就一大堆，把工作都搶走了，這邊的工人要怎麼活？」他會加強提問的語氣，把滿是菸漬的手指直戳向我胸口。「要到哪找工作啊？」

鎮上突然增加了大量不穩定的工作，引來一群過勞的移工大軍佔據，說著聽不懂的話，也難怪會引起眾人疑慮。同時，也有一種想法，擔心英國文化遭受資本主義烏雲籠罩。因為這樣的力量，英國各地的市區街道逐漸失去特色，滿是無趣又千篇一律的連鎖店，進去買東西的感覺大同小異，而這樣的商業力量力大無窮，難以招架，一旁的波蘭超市由於獨立經營，反而獨樹一格。其實，要說誰踐踏了英國文化，比起東歐來的採水果工人，麥當勞叔叔理當負更多責任吧。

一到魯吉利，第一眼就能看見櫥窗上顯眼的紅色私家偵探大型廣告，比方說，有面窗戶上就貼了一大張白色廣告：伴侶不老實？請洽我們的追蹤服務。這家商店也幫忙推銷測謊生意。這儼然是傑瑞米．凱爾秀呈現的偏執狂世界：忠實與誠實已經漸漸消蝕，由更暫時性和市場導向的原則取而代之，保證能立即獲得滿足。甩了一個男女朋友，還可以再換一個，就像丟掉原本的iPhone買新機去，整個人都沉浸在幻想中，情緒高漲激昂。

在藍領階級社群裡，本就已對生活缺乏安全感，如此現象更增添了另一層不穩定，讓人害怕，特別是那些感覺自己男子氣概不足的男性，因為很難遇上好的工作機會，自信感又更受威脅。

有幾次，我遇到同一個年輕人在那間貼紅色廣告的店外徘徊。他外型纖瘦憔悴，顴骨高，目光柔和又透露不安，說話時會很快向對方掃一眼。他二十八歲，看起來卻老得多，臉色油膩灰暗，嘴裡少了顆門牙。這年輕人在鎮上一家店工作，曾經拿到一份亞馬遜的工作，但他自己放棄了。

「那還是我第一次推掉工作，」他急急地吞雲吐霧，一面語帶驕傲地說。「那是外勞在做的，你知道嗎？真的去裡面上班，也找不到一個說話的人。他們只跟自己人往來，就算想對他們好，那些東歐佬也對你沒興趣，反正就不想理你。有點像他們看不起我們，因為我們都是英國人，懂嗎？」

不久，我終於知道這年輕人為何老是徘徊在那掛著廣告的店外。

「女人啊，最後每個都會離開我，也沒給什麼理由，然後就和別人在一起。我每次都遇到這種事，不知道要怎麼改變。我明明很老實……我覺得我人還不壞，但她們都自動把我當成工具人。」

他接著告訴我一段往事，說他在 Facebook 上認識了一個二十三歲的女生，剛開始交往的幾星期，一切看似順利。只是，從他的說法聽來，他不久便表現出佔有欲和控制欲，一察覺對方開始冷淡的跡象，便用簡訊轟炸她——大概一天傳一百封吧。

「她在利用我。大概整整兩個半月，她花的都是我的錢。我之前就發現她偷吃，她和她朋友就跟我說：『你最好別一直傳簡訊，不然就有你好看。』我誰都不怕啦，我家有一把劍也有一把斧頭。如果他們要來家找我麻煩，我就拿傢伙出來嚇嚇他們。」

年輕人吐出最後一口煙，煙從缺了門牙的縫隙逸出。他又順道提起了鎮上的現況，滿是悲嘆。

「這裡啥鬼東西都沒。有幾家彩券行、投注站，還有幾間酒吧，幾乎沒有賣衣服之類的店——只有ＪＤ運動用品和幾家別的——就這樣了。我才不要去什麼鬼亞馬遜上班。」

他把菸扔到地上踩熄，蹣跚走回那家私家偵探的商店裡。不久前，男人還能從工作中獲得認同感，今日被經濟因素壓在底下的人，連活在世上的存在感也難以建立。隨著工會制度衰敗，不滿的情緒會暫時表現出來，或以個人的方式發洩，也可能將怨懟內化。表面上看來，藍領階級好像可以打造自己的命運：平常，就在特易購超市給貨物上架，或在牛棚改裝的客服中心，致電退休老人家，說服他們買些沒用的垃圾。下了班，只要弄個刺青，或理個和名人一樣的髮型，便感覺和流行歌手、搖滾樂手和足球員攀上關係，能像他們一樣登上八卦小報，神氣活現。然而，這一片幻想最底下的事實就是你才不是什麼大人物，再懂得模仿那些帶領流行的指標人物，明天一早醒來，還是得拖著腳步去上班，繼續過無聊苦悶的日子。

關於亞馬遜，和鎮上的人聊過以後，我發現，一開始的確有鎮民進去工作過。的確，我自己也進得去，表示沒有什麼排擠英國人的陰謀可言，嚴格說來，釋出的工作機會也不少，並不是僧多粥少的問題。實情是，大家往往到職沒多久，很快就走人，公司只好再補缺，才顯得三天兩頭都有職缺出現。不過，和我聊過的當地人裡面，倒真沒幾個願意長期忍受亞馬遜的勞動條件。越深入研究，越是發現，這樣的問題不只出現在魯吉利。根據最近一份英國總工會（GMB union）對亞馬遜員工的調查，結果顯示：[17]

91％的人不願向朋友推薦亞馬遜的工作。

70％的員工認為，管理階層沒有正當理由，就給他們記點。

89％的人感覺遭到剝削。

78％的人認為休息時間不足。

71％的人表示，每天上班走動的距離超過10英里。

「一開始進來碰到的同事，已經全走光了。八個人裡面，只剩下我還待著。」克萊兒說。她年方十九，身材微胖，一頭紅髮，同時在亞馬遜做包裝員，也在鎮上酒吧兼差。[18]

我和克萊兒到坎諾克的連鎖酒吧樓上，同桌餐敘。這家酒吧燈光昏暗，空氣裡滿溢濃濃糖香和啤酒花渣的氣味。這是周間某日，剛過正午不久，酒吧裡滿是退休的老人家、帶孩子的年輕媽媽和待業人士。在我們桌子後方，一位年輕女子正餵著襁褓中的孩子，母親手裡拿著一枝塑膠湯匙，在一片栗色仿都鐸風格的裝潢裡，顯得突兀。往後面一點，在吃角子老虎機旁，有兩個不修邊幅的男子，一個把飲料緊靠在胸前，另一個身穿一條過大的丹寧牛仔褲，緊張兮兮地翻遍褲子上所有口袋，想找出幾枚銅板來。

克萊兒邊喝著橘子汁，邊和我分享她許多朋友的情況。她說，很多人到亞馬遜工作時，一開始都抱著很高的期待，沒多久卻被現實澆熄所有熱情。

「有些人找到更好的工作，就辭職走了。還沒走的，都恨死這個工作。」

克萊兒就像海報上年輕世代的代表人物，認為所謂終生志業已是過時玩意，就像飛盤和VHS錄影帶一樣。上一家打工的酒吧把她炒魷魚了，後來她聽說亞馬遜在徵才，便透過Transline應徵包裝員。報紙上常提到亞馬遜，標題說亞馬遜在魯吉利創造了幾百個新的工作機會，而對於一個十九歲的年輕人來說，時薪七英鎊還不算太糟，於是克萊兒到了仲介公司辦公室，填寫成堆的文件，還根據要求做了毒品和酒精檢測。

如此，克萊兒便開始到亞馬遜工作。當時是十月底，她本還煩惱怎麼應付聖誕節的開銷：她和母親同住，但必須付房租，每個月也要用轉帳代繳支付手機通話費。有份亞馬遜的工作，起碼能有餘裕歡度佳節，不論是和朋友吃喝玩樂，或者買禮物送家人，手頭都寬裕些。克萊兒為了生活，像別人一樣「騎了腳踏車便找工作去」（譯註：諺語，意指出外求職）——不過在這裡，她是搭亞馬遜的接駁車過去。早先，她什麼都願意做，就算待業中，也不願登記為失業人口。可是，正如我遇見的很多人，克萊兒的盼望終將早早幻滅。

「他們（Transline）好幾次都沒付我薪水，聖誕節都過了，我花了八個星期才要回來。反正，我那三個星期，差不多有三十七小時都沒拿到應得的工錢。我媽後來想找ACAS（Advisory, Conciliation and Arbitration Service，諮詢、調解與仲裁服務處），試了幾次，我告訴亞馬遜，說我們已經去找ACAS了，隔一個星期就把錢拿回來……總共花了三個月才拿到，那些仲介欠你又不給你的錢。」

好不容易拿到第一筆工資，沒多久，Transline又開始欠薪了。

「前兩個星期，我做了四十個小時，結果只拿到十八鎊，這其實才兩個半小時的工錢啊。」

那一星期，克萊兒拿到一小時四十五鎊的工資，但得花好幾個星期才把這筆錢討回來。

「我總共應該拿二百六十二鎊，他們是說：『抱歉，因為大家的工錢都混在一起了。』沒付我錢的時候，就告訴我：『別擔心，只有薪資單出錯而已。』我已經做六個月了，大概就欠我七次薪水。」

克萊兒當然可以到勞動法院告仲介，只不過打官司也是所費不貲。如果從事專業性高的工作，你可能會從領周薪變成改領月薪，因為對企業來說，月薪制比較合算。如果一星期發一次薪水，一年就得發五十二次，相較之下，月薪一年只發十二次，周薪制當然耗費更多成本和時間。不過，如果你本來就左支右絀，熬不到第一份月薪下來，那麼你得立刻、馬上就拿到薪水。

先用存款擋幾天，不失為一個好辦法，但這對身處勞動市場底層的人來說，有點太遙遠，就像中產階級也不會想到要和小額信貸公司 Wonga（譯註：該公司因超高利息而惡名昭彰，已於二〇一八年八月宣布破產重整）借錢，落入卡債人生。總之，諸如 Transline 等仲介便採用周薪制，每星期付薪水給勞工——應該說，本來是每星期都要付一次錢。

「有好幾次，我只好和我媽借些錢來付房租，都是他們害的。如果和房東住在一起，大概只能跟房東睡一晚抵房租。上次他們付我十八鎊那時，我已經欠了四十鎊的手機費……雖然他們付我二百六十鎊，其實也只有一百四十鎊，因為八十鎊要拿去付帳單，四十鎊付電信費，這星期就只剩二十鎊可以用。還好我有別的工作，所以星期天還可以拿到一百鎊，下星期的生活費就有著落了。不過，亞馬遜和仲介都不知道這些啦。我跟他們說：『什麼時候可以拿到剩下的錢？』『哦，下星期吧。』他們就這樣講，顯然是因為轉帳。」

仲介公司提供給亞馬遜派遣人力的權益很有限，在實際情況中，這些微薄的保障又經常顯得像個笑話。亞馬遜的管理方式總是反覆無常，讓人無所適從，尤其是採記點方式的懲戒制度，工人可能因為請病假、達不到揀貨速度標準或遲到，便遭記點。

「在『釋出你這個人力』前，你有記六點的額度。我有個朋友被記四點，然後他們說她早退，就記她一點，其實她根本沒有。後來，有一次亞馬遜的接駁車半路拋錨，害她上班遲到，他們又記她一點。再來因為她小孩住院，她去顧孩子又記點了，她只好走人。我一開始去的時候，也遇到車禍……我勉強去上班，但他們叫我回家，也給我記一點。那時我就覺得：『我才遇到車禍，也是你們叫我回家休息的，為什麼記點？』」

當時，克萊兒以為自己在亞馬遜待不久了，因為她已經記了五點，再多一點就要被「釋出」了。第一次記點是她說的車禍事件，接著是因為沒達到生產率標準，第三次又是因為公司接駁車害她遲到，也算在她頭上。至於第四次，亞馬遜想逼她超時工作（「公司說一定要做，我那時想：『我已經加班五個星期了，管他的，不幹了啦！』」），第五次則是為了頭痛請假（「那次偏頭痛真的很嚴重，我跟他們講：「要帶醫師證明來嗎？」結果他們說：「不用，帶了還是會記點。」」）

克萊兒還告訴我，她一個朋友因為跨性別身分而飽受 Transline 嘲弄，最後不得不離職。「在我看來，這跟種族歧視沒兩樣。」克萊兒語氣堅定，同時反駁了對勞工階級的刻板印象，因為有不少人認為他們好吃懶作，對所有社會議題都抱持守舊態度。

想拿到亞馬遜那人人想要的藍色員工證，真是見鬼的難，得要表現超群過人，也不能有任何一點缺點。

「想拿到那個，就別想休息，」克萊兒跟我說：「隨時都要保持完美的工作效率……大概是時時刻刻，做任何事都一百分吧。」

克萊兒還有另一位朋友，快做滿九個月時，表現良好，原本有望可以拿到員工證。根據克萊兒的描述，這位朋友最後是把自己累垮了。每天上班，他都要從貨架上，替亞馬遜的顧客取下成千上百的商品，從書本到廚房用具，無所不包。九個月來，他成功達到所有揀貨標準，上工準時，從不遲到，而且最重要的，還是切實遵守那數不清的大小規定，哪怕再枝微末節，可謂管遍工作的每一部分，他都不曾違規。

可是，這美麗新世界的經濟模式——也是個優勝劣敗的達爾文主義世界，在此一點小病痛都罪不可赦——最後卻像吐掉檳榔渣一樣，一把將他甩開。他的罪惡，就是冒失地生了場病。當時，他在上班時間前一小時打電話給公司，依照Transline的請假規定事先告知經理。就算如此，那又如何？仲介照樣把他一腳踢開，沒得通融。

3

某一天，我進工廠上班後卻開始不舒服，這才來亞馬遜第二個星期呢！既然任何病痛都是違規觸法，要受罰的，我要是請病假，就等著得到「一點」懲罰。每天勞動十個半小時，中間只吃一餐容易飽足又油膩的食物，再健康的人也受不了。要是病了，就扣一天工錢，而沒錢只會讓人身體狀況更糟，因為看病吃飯都要用錢。亞馬遜自然一點都不擔心這些，畢竟就是他們一手建立這個刻薄的制度，只要工人生病請假，一律開罰。

亞馬遜內部有很多管理規定，上面的人自然認定，不管是工作的哪個部分，你都能迅速完成。「生病」就等同於偷懶，跟前一晚進城玩樂，喝個爛醉而影響隔天的工作，在這裡都是一樣的——你才不是真的病了，你只是懶得來上班。因此，就算你在規定的時間內提早通知仲介，只要請病假還是照罰不誤——多謝告知，這是給你記的點，收下吧。要是沒打電話通知，提前預告你要請假，那就奉送整整三點。事先通知，請假一周，一次給你五點，離捲鋪蓋不遠了。同樣的，如果遲到一分鐘，不僅記一點，還要扣十五分鐘的工資。總而言之，這裡最缺的就是同情心。

「你們要自己照顧自己啊，這裡還需要你們呢。」進來亞馬遜那天，一名主管就這麼告訴我們。[19]餐廳裡準備了很多咳嗽藥，理由不言自明。

銷假回去上班後，有個樣子笨拙，戴金框眼鏡的男人，說是代表仲介來找我。我看到他在走道間來回進出，一邊腋下塞著板夾，在長長的走道上找著什麼似的——後來，我才發現他是來找我。他擺明就是仲介派來的執行人員，工作就是到各公司，告訴派出的員工犯了哪些過錯和違規行為，樣子卻出人意料地溫和。他會用那恭順卑微的眼神望著你，一邊刷刷記下有關你的紀錄。這人和其他管理人員不同，顯然做得不太情願。他講話會結巴又支支吾吾，每次想訓話，反而顯得軟弱畏縮，他實在應該去當圖書館員，不該在這施展什麼權威。

儘管氣勢弱了些，執行員終於對我提出告誡，說因為前一天的病假，要給我記一點。他沒說這是處罰，但效果和處罰也沒兩樣。我聽著這人平板的語氣，又只能咬牙忍耐，乖乖聽他說，內心不禁升起一陣怒火。不過，我倒是有問他，這樣只因為生病就處罰，真的合法嗎？況且我還按照正確程序，在表定上班時間前一小時，事先打電話請假了。

他說了個理由，大概是學校老師對五歲小孩用的那種程度：「亞馬遜都是這樣做。」他一臉遺憾，沒對我發脾氣，這反倒讓事情感覺更糟。他還不如說一句：「不為什麼，因為我說了算。」[20]

根據我手腕上戴的計步器，我一天上班得走動十英里的距離，而我徒步旅行的最長距離是十四英里，最短是七英里。用比較具體的方式來說明吧：第一天，從倫敦市中心出發，往東走，傍晚前可以到錫德卡普（Sidcup）。第二天，可以走到洛契斯特（Rochester）近郊。走了一星期後，多佛（Dover）港便近在眼前，走到滿一個月時，都能走到比利時的安特衛普了。這麼長途跋涉下來，感受最深的就是兩隻腳了。我的雙腳變得像兩塊粗糙不平的蠟塊，被拖過了刨絲器。如果兩隻腳掌還健康柔軟，又吃飽睡飽，走十里路儘管累，也不算什麼。要是連續四天，一整天不停走動（還不算加班時間），中間沒什麼機會休息，又只吃加熱食品，對兩條腿的負擔可完全是另一回事。

接下來一整個星期，疲倦不斷來襲累積，後來，彷彿感覺有人來給我上了一副腳鐐，扣在腳踝的周邊。新進員工若曾滿懷活力，往往也日漸凋蔽，像身上披的外衣一般，過了幾天便鬆垮落地。滿腔熱忱，眼神明亮的年輕羅馬尼亞男女，在一開始的時候也辛勤奔波，忙得沒空去擦臉上的汗。不過幾天，他們就趴在推車上打盹，想偷閒片刻，避過來回走動監督的主管，小睡一會也好。

我就是這樣認識尼訥瑪的。他是印度裔英國人，四十歲，以前還經營過一點小生意。有天晚上，我到工廠一處角落找東西，想找顧客訂單上要的一盒花草種子。在我衝向轉彎處時，不巧朝尼訥瑪的推車猛衝過去。這一撞發出了很大的聲音，只見眼前這高頭大馬的男人嚇了一跳，像是條彈簧突然彈開一樣。這人剛才明顯是在打瞌睡，只不過睡了多久就不知道了。

尼訥瑪的身材臃腫，讓人聯想到海象，但他的神情舉止總散發一種溫和與友善，讓人很容易卸下心防，倍感親切。尼訥瑪之前經營一家小商店，直到二〇〇八年金融海嘯之後才宣告倒閉。他接著開過幾年貨車，後來開膩了，他說：「工作很辛苦，又無聊得要命，做久了腦袋都呆掉。」便決定到亞馬遜來試一試。

其實，我來上班的第一天就注意到尼訥瑪這個人，當時我見他在到職儀式上環顧四周，一臉鄙夷與詼諧地看著那群東歐年輕人。他不時揚起一邊嘴角，傻笑起來，如同皺巴巴的襯衫上，再添一道摺痕。一記住他這表情，便很難想像尼訥瑪還會擺出別種樣子。至於他工作的態度，就好像英國學者霍加特（Richard Hoggart）所描述的：「手腳慢點，少害別人丟工作。」「這和在銀行一樣，」尼訥瑪莫測高深地對我說：「要是有一個人動作太快，就會害到所有的人。」

一有了交集，我立刻對尼訥瑪產生好感。可想而知，他在這待不久。我工作不滿一周，一個時段就能拿取一百八十個左右的貨品，平均每小時九十個，表現還不算特別亮眼，還比不上那位聲稱「恨透」這工作的羅馬尼亞紅髮女生——她一個時段就能拿二百三十件貨品，這才叫厲害。隔天吃午飯的時候，尼訥瑪便朝我走來，臉上掛著大大的笑容，吹噓他一小時怎麼拿到四十件貨品的。我真不忍心告訴他，其實他做得很爛，所以只好騙騙他：「我好不容易拿了五十個，但是走得也很快啦。」

問題很顯然是出在尼訥瑪的體重上。對胖子來說，這工作就等於折磨，而如果超過一定歲數，也會覺得這是份苦差事。有一次[21]，我目睹一個分外令人倒胃口的畫面：某個陰天下午，正當我推著推車，來到工廠裡一個鮮有人跡的角落，我看到一個年輕主管正在對付年紀比較大的員工。那主管眼神空洞，身材壯碩，渾身散發嗆鼻的刮鬍水氣味，正對另一人拳打腳踢。

年輕主管也不忘態度囂張地用盡各種髒話辱罵。那些羞辱就好像臭酸的牛奶，從罐子裡全都流了出來。就算不動手，光用罵的，也能把那年長員工罵到體無完膚了。對方看上去起碼六十歲，這下只能臉色發白，縮起緊繃的身子，承受主管陣陣羞辱的風暴襲擊。主管發著飆，一張臉從紅色漲成紫色，又轉回紅色，終於在無線電傳出一個悶悶的聲音，召喚他下樓，他的怒氣這才消退了些。老員工被丟在原地，整個人癱軟下來，看似一包扁掉的洋芋片。

尼訥瑪剛才正好站在稍遠處，也看到那一幕了。他悄悄走向我，搖搖頭說：「去他的。」他輕輕笑起來：「他大概做不久了。」

那老員工的確沒再待多久。那天的午休時間，我站在外面抽菸，看見一個老先生蹣跚走出廠房，穿過了第二組高大的金屬安全門。這組金屬門安在停車場最尾端的黑色金屬圍籬之間。那模樣笨拙的男人雙眼充血，走路的樣子好像已耗盡所有生命力，他搖搖晃晃地走進停車場，來到一輛小小的紅色車子旁，車燈已經打開，引擎發出微弱的轟鳴聲。

老先生走上前去，車窗裡探出一名滿頭亂髮的老太太，動作吃力而焦急。她定定看著老先生滿面的愁容，便從粗呢外套口袋裡掏出一方手帕，猛地遞上前。褐色生斑的手舉著手帕，輕輕按在老先生臉上，懇求他說出到底發生了什麼事。這場景只維持了一、兩分鐘，卻讓人動容想哭。兩位老人家隆隆駕車離去，頭像泡澡時的塑膠小鴨一樣浮沉起落，就這麼開出工廠大門外。從此以後，我再也沒見過他們。

我工作的廠房頂樓很昏暗，挑高的天花板上只有小小的方形窗戶，從窗外照進不了多少自然光。光源主要來自每層樓天花板上的灰色鋼燈，造型和大小都和橄欖球差不多，從上方灑下顏色透著些古怪的黃光。我們日班在十一點半下班後，接駁車便載來另一批工人，開始上工，是謂晚班——只不過，這些感應式電燈常常故障，每次總有十幾個人，大半夜的還得在工廠頂樓摸黑跑來跑去。那些在亞馬遜網站上，按幾下滑鼠就買了 iPhone 充電器或愛黛兒專輯的人，可曾想過工廠裡是這種情景？

開始這工作後，很快就會發現，主管警告「不准在廠房內奔跑」簡直是幹話。禁止這個根本沒用，因為想保住飯碗，就不可能不跑。就像在極權國家裡，規定多如牛毛，不可能不違規。如果想達成公司給每個員工訂下的最低標準，衝刺加速就成了家常便飯。同樣地，上班時間可以去喝口水休息，但只要一離開工作崗位去找飲水機，走在半路上就有被認定成「閒晃」的風險，這也是主管耳提面令不能犯的另一種過錯。每層樓大約有十二部飲水機，可是在這超過七十萬平方公尺的走道迷宮，想喝水的時候，總是找不到最近的飲水機。

每天，我從下午一點開始，和同班的大批同事一起上工。先通過外面的安全門，走到置物櫃，放下隨身物品——手機、鑰匙和其他會害你過不了安檢的東西——然後走到揀貨部門的櫃檯。想夾帶錄音裝置進廠房那是不可能的，更精確的說法是：下班過安檢門時，東西就會被沒收，根本別想拿回來。所以，我就帶了一疊無傷大雅的便條紙和一枝筆，放進後面的口袋。

亞馬遜的安檢人員權力很大，如果懷疑你偷東西，還能搜車。從早到晚，我們都得承擔這麼沉重的嫌疑，讓我連帶小小的筆和紙條都不安心，好像犯了什麼不堪的罪行似的。

這真是異常高壓的環境。我懷疑，一個人在這裡面犯錯的機會，或許還比守規矩大得多，在亞馬遜工作的這段期間，我總覺得頭上有一大團嫌疑的烏雲。就算沒做錯任何事，面對主管或安檢人員的質問，我也會表現得畏縮害怕。這地方全然純粹的壓迫，久而久之便累積成了自我實現的預言：沒幾天，你就會開始幻想要反抗公司和那一大堆瑣碎的規定。第一次有人抓到你閒晃開小差的時候，會覺得遭受不公平的對待，**冤屈的感覺很是燙人**。到了第二次或第三次，你只覺得很煩，因為不小心被抓住了。

要不了多久，你就會想方設法反抗頭上的權威，比如拿錯一個東西之後，便丟在地上不管，或者在廠房裡偷吃點心，並故意亂丟包裝紙，又或者對著排列整齊緊密的書本或DVD，踢上一腳，好不快活。

開始上班前，走到揀貨部門的櫃檯報到時，大概都有個生產線的主管來做簡報，然後罵你一頓。只有表現最好的揀貨員可以得到獎賞——只不過我從沒看過誰拿過什麼獎勵，但是一犯錯的話，經理隔天就會如數家珍地列給你聽，例如拿完物品以後，沒有把儲藏箱物歸原位，或閒晃太久。被貶低成「閒晃」的行為裡，有很多就是上廁所這樣的小事，然而主管總會在簡報時間再三重申「閒晃」的可惡，好像打著生產力的大旗，生理需求就會退居一旁，消失得無影無蹤。

「大家要提高自己的生產力啊！」不同的主管，同樣的說詞，好像吟唱咒語一般，用公司內部行話來包裝諄諄告誡：「你們的閒晃時間佔掉太多鐘點了。」[22] 要是亞馬遜這麼看重生產效率，與其抱怨員工冒冒失失地蹺班上廁所，不如多設幾間廁所吧。像我們這些在頂層工作的，最近的廁所要往下走四段樓梯才到得了。其實，有次我還在某處架上看見裝著小麥色液體的瓶子，一旁就是聖誕節裝飾的箱子，看起來就是個不祥的預兆。

「前幾天，他們把我調去揀貨，還問我為什麼閒晃了十五分鐘。」克萊兒在酒吧裡這麼跟我說：「我就是……我要上廁所啊！下樓梯大概要爬四樓，才能到廁所耶，不然是要我怎樣?!」

在這工作過程中，如果太常留意時間過了多久，無疑是自尋煩惱。剛開始的頭兩、三個小時，身為一個活生生的人——特別是受過教育的人——總想找些事來做，好忘掉這工作的枯燥無趣。比如，你去拿書，看到自己想過要買的書，便停下來翻幾頁，或者欣賞一下別人訂的古怪禮品，想著等到「重返文明」之後，可以買來送男女朋友。過了五、六個小時之後，腦子裡想的就是食物；到了第八或第九個小時，想做點白日夢卻變得困難，再也擠不出一點幻想來。因為思來想去就是那些，反覆多次，也變得沉悶惱人。一個個下午過去，可以見到那些羅馬尼亞年輕人偷偷瞄向走道，希望看見哪個漂亮女生。如果是我邁著笨拙的腳步出現，他們的臉上便閃過失望的神色。這工作太苦，讓人只想抽個菸，喝點酒，任何東西都好，能讓自己找回一點感覺都行。

對中產階級而言，這悲苦的工作本身毫無動人之處，倒是做這些工作的人，其行為舉止更值得玩味——儘管這些所謂的有趣行為，也是根源於其人沉悶的工作而生。在倫敦象牙塔裡的中產階級專家看來，工人愛吃有飽足感的食物，喜歡又油又甜的口味，並堅信這是因為工人做事效率低落又優柔寡斷的緣故。

畢竟，位處中產階級的人，只會在一時脆弱，或經過理性計算之後，才會這樣大啖垃圾食物。中產階級男女，來根巧克力棒或一片蛋糕，是為了犒賞自己，是人生的小小樂趣。這麼一點小享受，仍是經過理性的選擇。相對的，工人階級會買油膩膩的洋芋片，是為了逃避現實。就像某天下午，尼訥瑪對我說的話：「這工作讓人只想藉酒澆愁。」

這話說得沒錯。不僅身體疲憊不堪，心裡也越發麻木，需要刺激。這份工作很需要能安慰心靈的調劑，正如你一雙走得發燙化膿的腳，夜晚回家後也需要上點貼布緩和一下。這份工作不需專業技術，不像專業人士在工作中不時還會發現一些樂趣——在亞馬遜做最低階的工作，何樂之有？花五便士買瓶可樂或巧克力棒吃，雖有慰藉，也不能改變現況，反而讓浮沉在這類工作中的人，顯得更加景況悽慘。

半夜下班後，走進家門，踢掉鞋子，往床上一倒，便打開懷裡的麥當勞紙袋和一瓶啤酒賴著不動了。我和這裡的同事，或其他工作性質類似的人，沒有哪個一回家還能走進廚房，好整以暇地站在爐邊燙半小時青菜。如果工作和收入都不穩定，哪裡撐得起規律的飲食習慣？那些電視上所謂的「老饕」，那些只會一味推崇精緻飲食和頂級食材的美食家，看到我們這樣生活，大概覺得我們都在浪費生命，可以去死一死了吧。

回到工作本身，關於亞馬遜的內部規定，正如我先前提過的，規則只是當作參考，實踐起來常和想像不同。休息時間就是個好例子：一個上班日裡，工人有三次休息，分別是半小時和兩次十分鐘休息。半小時的這段時間不支薪，兩次十分鐘休息則計入工時。說是兩次十分鐘，其實合計起來，只能休十五分鐘，另外五分鐘是從廠房走到餐廳的時間，不計工資。實際上，從廠房後半部走到門口（別忘了，這裡有十個足球場大），再通過機場級的安檢關卡，才能抵達休息區。若是再扣掉休息結束前，在揀貨部門櫃檯花掉的兩分鐘，整個「十五分鐘休息」大約就剩六分鐘可用吧。

「那個休息太荒謬了，」克萊兒表示：「半小時那個還可以，因為走路時間有算進去。可是另外兩次休息，我大概只用得到五分鐘，因為要先走到櫃子拿根菸或手機出來，等走到外面時間就差不多了，又要馬上回去工作，準備那些包裹。」

在亞馬遜工作期間，我從來沒拿到什麼雇用契約，所以不知道自己有什麼權利或可以主張的事項。我知道的事情都很粗略，而且來之前就知道。至於那些羅馬尼亞同事，連英國勞工最基本的權利都不太清楚，不論遭受多嚴酷的對待，在他們心裡，像這樣的專制體制仍屬正常。這就是英國，這裡的人分為兩種：一種希望你們通通回家去，別來搶工作；另一種會寫信給自由派的媒體，稱讚你們真是好勞工，認真工作，實在令人欽佩。

4

坎諾克查斯的煤礦礦藏豐富，一度有四十八座礦場，但經營末期虧損嚴重，一九九三年關閉最後一座利特頓（Littleton）。除了因為礦場關閉而直接失業的勞工，周邊連帶受影響的人數也頗為可觀——當年，理何礦場是全歐洲同類礦場中規模最大的，因此關閉時，相關產業也有許多人沒了工作：送冰牛奶的失業了，因為原本下班時間會來光顧的礦工都走光了；往礦坑的路上，立著幾排外觀被煤炭燻黑的磚房，當年小商店和菸鋪林立的繁榮景象已不復見，再也沒有上早班的礦工來買報紙、香菸和洋芋片了。漸漸地，這一切都消逝於無形中。

「數百萬鎊資金湧入，老礦區有望改頭換面」，這是亞馬遜進駐此地時，地方報紙所下的一條標題。[23]魯吉利經歷的改變，在英國各地也算家常便飯。就拿亞馬遜來說，他們在南約克夏等昔日礦區也都有物流中心，而運動用品商 Sports Direct 亦在過去的夏爾布克礦場設有最大倉庫，如今這座倉庫則被英國聯合工會（Unite the Union）認定為環境不佳，堪比「救濟院」和「勞改營」。[24]

據統計，英國各地的老礦區共有約五百五十萬居民，佔全國總人口9％。一般來說，這些人面臨的處境是這樣子的：礦坑關門大吉後，原本靠礦場吃飯的人先依賴社會福利勉強度日，過了一段時間，終於迎來經濟上的「再生」機會，但來的往往是跨國企業，帶來的多半並非什麼穩定工作機會，薪資福利也欠佳。待遇還是其次，比較不堪的是，只因為這些地方的人很需要工作機會，社會上便認為他們「應該」要卑躬屈膝，請亞馬遜賞口飯吃都來不及，怎麼好再挑三揀四的。

曾在理何礦場任職的艾利克斯告訴我，自從礦場關閉，魯吉利就「再也回不到以前的樣子」。[25]他以前在理何礦場擔任技師與急救人員，現已改行。

「工作都沒了，或者就是些最低薪的工作，合約短，又老愛利用恐懼心理，把勞工吃得死死的。」

某天傍晚，我到理何礦場的礦工俱樂部，因此認識艾利克斯。[26]走進礦工俱樂部，裡面有各色人等，不過常客都是以前的礦工，他們幾乎天天來報到。這裡有種社交俱樂部的氣氛，比起酒吧感覺更加友善。試想像：時值十一月，一個涼爽的星期六下午到這裡消磨時間，坐在椅子悠閒喝一杯，來點洋芋片下酒。窗外已經蒙上一層霧，室內則開著暖氣，收音機送出一個沉著嗓音，滔滔不絕播報足球比賽。這裡的人都是老朋友，不愁沒話聊。室內陳設風格正如喬治．歐威爾描述的工人階級生活，氣氛中總能感受到溫暖、正直與人性的美好，好像再也沒有別的地方像這裡一樣好了。

這是社會主義式的休閒活動：菁英階級可以享受私人俱樂部，工人當然也能要自己的休閒空間。既然是社會主義精神，多數工人俱樂部都是「請自便，當自己家」，沒打算從會員身上撈油水。

普通酒吧不過讓人喝杯飲料，吃點東西，過了最後點餐時間就會被店家請出門，但二十世紀的工人俱樂部不僅供應餐飲，也舉辦各種演講和健身課程，讓會員有進修學習的機會。好景不常，一九七〇年代中期卻湧現歇業潮，有超過二千家工人俱樂部關門大吉，如今每年倒閉的俱樂部數量更是不減反增。[27]

「現在的人會說『我在亞馬遜啦』，可是以前大家才不會說『我在礦場啦』。」艾利克斯說：「以前你會直接說『我是礦工』，因為你就是礦工，你以礦工的身分為榮。」

魯吉利當前勢力最大的雇主就是亞馬遜和特易購，還有部分人受雇於發電廠。一九八六年此地最大的雇主是理何礦場、兩座發電廠、衛浴設備廠商、自動化設備廠商等。[28]亞馬遜一開始來魯吉利設廠時，本地人還滿心期待，但在我搬來之前這股興奮之情早已煙消雲散。現在，亞馬遜還得派出接駁車接送工人來上班，其中大多還是東歐來的外籍勞工。

現在，有越來越多英國人不願被當成牲畜對待，在貪心無德的雇主底下受委屈，這本該是進步的象徵，在很多人眼中卻成了讓英國顏面掃地的事，認為這些人不知好歹，沒有抗壓性。其實，英國勞工對勞動條件的要求已經很低了，而現今國內經濟正是倚賴低薪又不穩定的工作，卻連這樣的勞動條件都無法滿足。

「講真的，那種工作我才不幹。」聊到我在亞馬遜的工作時，艾利克斯便這麼說。「要是去了，看到那些主管怎麼對員工，我也是會嗆他們啦，所以這工作我不做。」艾利克斯說的是尊嚴問題，可是事實上，在魯吉利這種小地方，哪來有尊嚴的工作？只能到大一點的城市去才有機會。

某個晚上，傑夫．溫特也來俱樂部喝酒。他是本地的工黨民意代表，年約五十五，性好社交，留著一頭覆蓋後頸的長髮，身穿格子襯衫，看起來倒像個搖滾明星，不像議員。他和我站在一起，邊喝邊聊。[29]

「我說啊，現在還有什麼工作有尊嚴？以前的開礦公司都去哪裡了？亞馬遜來之前倉庫已經空了兩年，可是那時我們有低頭嗎？我們有乖乖說好，什麼都吞下去嗎？（按：意指接受亞馬遜的任何條件）還不都是想給鎮上的人工作才讓步的。還有，你也不可能只靠他們亞馬遜就買得起房子，養活家裡的人。太不穩定了——只有一張零工時契約，你怎麼拿得到貸款？到底得到什麼了？」

我們聊著，牆上的電視正播著足球比賽。利物浦今年踢進歐冠資格賽，一切宛如七〇年代情景再現，只不過走近電視一看，時代還是不同了。球員的上衣與球鞋印上了鮮豔浮誇的贊助商名稱，整個球場也滿是閃閃發光的廣告。中場休息時，擴音器便大聲放出音樂，滿場都是鬥牛競技的激昂氣氛。金錢的力量已滲透賽事一切層面，從前礦工要拚命工作，供應眾人燒煤取暖，如今只能消極坐在電視前看比賽，看那些光鮮亮麗的「工人階級英雄」踢球。

現在，一個平凡人只有成了大人物，別人才會給你些掌聲，做工、出賣勞力的人，不會理所當然得到敬重。只有那些抓緊機會，踩著別人的屍體往上爬的人，才能獲得尊敬。

「我在斯托克工作，那邊有很多人都做收銀員，」傑夫表示：「就是在特易購之類的店……有很多年紀比較大的人，失業卻又還不到退休年齡，沒有年金可領，所以只好去做收銀員。以前哪有這種事？我知道時代變了，我也可以接受，但不能說這樣就是對的。」

根據二〇一六年「皇家倫敦」（Royal London）的年度報告，英國部分地區的勞工必須工作到八十多歲，才能累積一定存款，維持退休後最低的舒適生活標準。[30]據統計，一九九三年至二〇一二年間，英國國內年屆退休年齡的人口中，有85%的人仍繼續工作。[31]

「如果回到四十年前，好啦，你可能沒經歷過，反正那時候的礦坑雇了很多技術人員，也有很多人給礦坑供應機器……當時有技工、電機技師，也有純靠勞力的粗工……總之就是有些『好的工作』。發電廠要用技術人員，科藝ＥＭＩ運貨也需要人手，當時雇了幾千幾百個人，而且這些工作都是很好很好的工作……六〇年代大家都算有錢——或說至少該賺的都有賺到，你應該知道意思啦。雖說是藍領階級，選舉也是投工黨，但那時候真的都比較有錢。那個時候，這裡還有很多機會。」

之後，要求技術基礎的工作漸漸像蒸氣一般，散逸得一點不剩。各礦場關閉後，企業在過去三十年間紛紛出走，將生產線外移到勞動規範較寬鬆的國家，以節省成本，英國中部的製造業職缺因而所剩無幾。是故，亞馬遜來魯吉利設廠時，才會引起本地人一陣騷動，認定小鎮終於能重拾往日光榮。根據地方報紙當時的報導，倉庫還未正式營運便「湧來」大批求職者。[32]還記得，之前在咖啡館，那位推嬰兒車的女士也說這是「轟動全鎮的大事」，懷念之情溢於言表。亞馬遜的確在此創造了九百個工作機會，也完美體現關於「經濟復興」的政治表述：英國昔日的工業區將重振榮景，過去二十年的低潮將一掃而空。

不過，以上預言縱然美好樂觀，卻立基在一個錯的基本假設上：所有創造出來的工作機會都是公平的機會，而且既然同一地區的就業率能夠回升，即表示八〇年代與九〇年代早期失去的工作機會已獲彌補，新工作可以完全取代從前的工作，兩者間沒有區別，都是工作。

如此一味懷舊，往往只會陷入無謂的遙想中：遙想那失落的世界，當中男人各個身強力壯，總是只穿件襯衫就輕裝快活上班去。星期天待在家，有隻狗兒蜷縮在壁爐前的地毯上相伴，妻子在廚房裡興高采烈忙著，約克夏布丁與剛起鍋的肉醬香氣濃郁，家家戶戶都飄出美妙香味。

很多人都嚮往這樣貌似美好的年代。事實上，如此的浪漫憧憬早已遭社會各方面的進步所推翻，比如近數十年來，對工作場所的安全要求，逼得許多危險的工作改善環境，或者乾脆外移，輕裝上工的景象早已不再，更別提女性獲得更多自由，不必被關在家操持家務。像我這樣在亞馬遜工作的人，大概要特別倒楣或者自己粗手笨腳得誇張，才有可能橫死倉庫中，但從前的礦坑可是三不五時就發生怵目驚心的工傷意外，礦工慘死也偶有聽聞。

既然過去的工作環境不比今日，卻還有人熱烈懷念過去，八成是不曾身歷其境——反正進礦坑送死的不是自己的孩子，家裡還有黃臉婆做牛做馬，當然看來一切美好。

然而，像魯吉利這種小城鎮「只不過是重蹈覆轍」，根據「城市中心」二〇一五年提出的報告，「這類小鎮流失製造業就業機會後，取而代之的盡是低技術、規格化的工作，從前的紡織廠成了電話客服中心，碼頭貨櫃場也改為物流中心。」[33]說起來，隨著二十世紀末消逝的，不僅是有尊嚴的工作本身，在職訓練也越發少見，雇主更不再對進修技藝的員工提供獎勵。學業成績優秀的學生可以繼續上大學，不升學的人只能留在家鄉，有什麼工作就做什麼。

「我覺得，如果想要找份好工作，除了通勤去外地，別無選擇。」傑夫啜了口酒。「要離開這座小鎮，才有像樣的工作，不管找到什麼，總比這裡強。如果是羅馬尼亞來的……既然可以大老遠出國，當然願意工作，吃苦耐勞。你也知道，生意人就愛這味。你去斯塔福看看那些果園，都是東歐人在做，身邊都是外勞……你比得過他們嗎？」

傑夫說：「你也知道，我們鎮上從六〇年代開始一直是『在發電廠上班、工作不錯、待遇也好』。二〇一六年之後，這個鎮發展得怎樣了？現實就是越來越窮，比四十年、五十年以前都還要窮……亞馬遜又給我們什麼了？今天，才有人跟我說：資本主義要靠債務來支持。如果你不想做這些工作，就去上大學，然後負債三十萬英鎊，給資本主義加油。再分期付款買車，也是給資本主義加油。資本主義就是這樣玩的。然後，買不起房子，只好回去跟爸媽住，也別想什麼社會住宅了，沒有這種東西。現在時代完全不同了。現在的小孩也不知道那些，因為他們沒經歷過；但是現在沒有，不代表這是對的，也不會變成對的。」

當天稍晚，艾利克斯又告訴我，礦坑歇業時，他有個朋友也丟了工作，好不容易找到幾份工作，都是臨時工。整整七年，他沒有固定工作，最近才應徵上一份正職。「他很急，已經陷入谷底了，剛好兩、三年前，特易購來了。他去那邊找了個工作，要值晚班，把貨品上架。他現在找到正職工作，歡喜得很。工資也不怎麼好，可是現在整個國家都是這樣。」

艾利克斯很為朋友高興，慶幸老朋友重拾部分尊嚴和自尊心，也找回生活目標。不過，特易購也開始縮短他的值班時間，儼然是個不祥預兆，讓人擔心同樣的事又再度重演。

「他做了九個月，他們就砍他的時數，從三十八小時砍到三十二，」艾利克斯說道，口氣一如往常的悲觀，聽多了我倒也漸漸習慣。「但他們都是這樣啦。」

5

就我個人而言，來魯吉利之後的生活，至少很快上了軌道。每天早上，先在房裡吃點令人不敢恭維的速食早餐，再去倉庫上班——參考菜單：福利社買來的香腸配馬鈴薯泥、牛肉千層麵、起司通心麵等等。某天早上，我剛起床三十分鐘，便吃了「古早味雞肉晚餐」充飢。我再也不買牛奶和麵包，因為總是來不及吃就放到壞了。

「有錢和沒錢，兩者之間區別很簡單，」飽受壓迫的小說人物瑞爾頓如此宣稱：「有錢人想的是：『我要怎麼活出意義，不枉此生？』窮人想的卻是：『我要怎麼活下去，討口飯吃？』」瑞爾頓是十九世紀小說家吉辛（George Gissing）在《新格拉勃街》（New Grub Street）中創造的人物，擅長寫作小說，卻際遇不佳，一生潦倒。

其實，要陷入這不太健康的生活方式，真是再簡單不過。每天早上，睡到十一點才起床，吃頓早餐、沖個澡，然後準備開始這一天（身上貼著幾片痠痛貼布，穿兩層襪子），趕在十二點半前，拖著身子走出家門。工作了一天，午夜才回到家，上床睡覺差不多是一點鐘了。早上起來，又是刷牙洗臉，每日循環反覆。沒多久，原本對生活的一切堅持和要求，都消失得無影無蹤：你開始一天只吃兩餐，每次有時間坐下來，就努力填飽肚子，因為下一次能夠好好吃飯，還不知會是何時。要是午休時間在安檢這關耽擱了，可能得錯過一天中唯一熱騰騰的一餐。「我覺得最近越來越累。」第一天在廚房碰見室友克里斯，他便這樣說。不久，我就明白他為什麼這麼說了。

理論上，要在魯吉利這樣的小鎮善用亞馬遜的支薪，應該不難。我一星期若工作三十五小時，共可得二百四十五英鎊（稅前），相當於時薪七英鎊。這收入要生活得舒服不容易，但總還過得去，要是換到了倫敦，每個月就得先付五百鎊的房租，睡在一間斗室。我在魯吉利租的房間也很小，不過一周只要付三百鎊，而且水電瓦斯全包，負擔相對較輕。

那麼理論上，我應該有充裕的金錢——每周有一百鎊以上——可以用來吃飯和添購生活用品，不過總是事與願違。一方面，上班第一周的周末，我本該領到二百四十五鎊，實際上卻只拿到一百八十五鎊。我有想到扣稅的問題，但不到二百五十鎊的收入，稅金不可能課到六十鎊這麼多，於是我找上仲介窗口，想搞清楚原因，還沒開口對方卻先發制人：「好，好，我們知道。」[34]

後來，我和幾個同事都拿到緊急稅號（emergency tax code），得付比較高的稅，而且不知何故，只有英國同事和我一樣，所有羅馬尼亞同事都拿到了正確的全額周薪（或者說，至少那星期有拿到）。

第二周結束時，我又沒拿到薪水了。這次我只拿到一百五十鎊——大約少了一百鎊。原來，我又被課比較高的稅率，不僅如此，仲介不僅少給我們這些揀貨員工資，這次連外國人都少給了。仲介也不肯給我們薪資單，更讓大家心中不安。隔周我們才終於領到該拿的文件，上頭卻寫滿艱澀難懂的加減計算，根本無從得知自己是不是拿回該得的金額。拿到這筆錢之後，扣掉房租，第二周我只有七十五鎊可用，這可和當初預想的有段距離。剛來的時候，仲介的人信誓旦旦告訴我，有望「每星期收入二百四十到二百五十鎊，輕鬆愉快」。

此外，我第二周本來就賺得比較少，因為到星期五時，亞馬遜的人臨時通知大家[35]，隔天倉庫要「進行維護」，所以暫時關閉，不必來上班，於是周薪便隨著周工時減少了。

總之，這周只有七十五英鎊生活費的事實，讓我想起《每日郵報》一篇文章，提到有位女士一天只花一英鎊：「現年五十一歲的凱斯．凱利女士勤儉度日，吃免費自助餐充飢、教會舊貨拍賣撿便宜，還到超市和餐廳要報廢食物。」[36]據報導，這位女士也不介意碰到地上的菸蒂和狗屎，辛勤撿拾別人遺落的銅板，共得一百一十七英鎊。對於希望窮人越少越好的人來說，這類節儉事蹟可真正中下懷，剛好拿來大做文章，斥責窮人。既然有人能省錢度日，就是最好的「證明」，表示貧窮沒大家想的糟：只要拿出一點深藏不露的中產階級氣魄和巧思，一切無難事。如果你沒辦法只用一點錢度日，是你自己沒用，個性有問題。

事實上，不說一天只花一英鎊生活費可不可行，真有必要的話，我懷疑有多少人能用一星期五十到七十鎊來過日子。問題是，說這種大話的人，通常都有相當的經濟基礎，至少有份專業工作和穩定收入，才能大肆批評他人。換個方式說，這類人大半天時間都待在家或坐辦公室，當然可以只花一點生活費，要跟低薪又工作乏味的世界相比，好比橘子比水梨，天差地遠。誠如我前面所說，要消解體力勞動的身心疲乏，只剩抽菸、喝酒和吃垃圾食物一途，也是你生活中僅存的樂趣。至於有沒有時間享受這點樂趣，又是另一回事。

追求生活效率是中產階級生活的寫照，很多工人階級家庭卻從不知效率為何物，因為貧窮會偷走時間。沒錢，你就得乖乖等公車來，等房東賞臉見客，被迫超時工作，別無選擇，不明不白。你等啊等，只因為有人說要替你處理薪資單上的行政流程錯誤，就這麼等啊等，等了再等。你花時間四處找店家幫你列印一疊文件，好去應徵求職。你進超市閒晃，想找找特價優惠，只因為想省下生活費。然後，你得自己走路回家，又是一把時間。如此這般，往復不休。重點是，你一直在浪費時間，可是時間就是金錢，所以不管走到哪，出門即破財，結果兩者皆空。

中產階級的人，星期天下午可以先悠閒吃點好料，晚上再煮頓大餐，剩菜就放進保鮮盒，下星期再吃，但社會底層的工人休假回家，往往只想坐下來好好休息，或者休息不成，還得追著公司行政人員跑，要他們幫忙處理問題。不巧，這些人的工作好像就是專給人找麻煩，不肯讓人安穩度日。休閒與財富，都是窮人的奢侈品。

總之，我的每周預算通常規劃如下：

房租（含雜支）	£ 75.00
公司內用餐4次	£ 16.40
上班時的點心	£ 4.00
茶水	£ 0.50
麥片和牛奶	£ 5.00
吃麥當勞2次	£ 9.98
微波食品4餐	£ 6.00
其他飲食開銷（咖啡、乳酪、奶油等等）	£ 10.00

手捲菸	£ 4.89
啤酒	£ 10.00
大眾運輸*	£ 6.00
總計	£ 147.77

*（按：如果我住得遠些，大眾運輸支出會高得多）

當然，中產階級人士看了上表之後，應該會馬上指出可以剔除的幾項，畢竟少了啤酒和香菸，也死不了人。可是，雖然我們理論上不需要某些東西，但一般人如果從事我這樣的工作，「往往就會」把錢花在菸酒零食上，因為這樣的生活苦悶，會驅使人渴求菸酒等奢侈品。如果沒有這種生活壓力，想把這些東西從清單上拿掉，當然容易——誰都能辦到嘛，就像中產階級有錢有閒上健身房，訂出減肥計畫，六個月內就甩肉成功。

以上列出的清單，如實展示了我一星期通常的生活費分配，雖然也可以過得再「揮霍」一點，但我盡力縮衣節食，總算控制在一百五十鎊內。

如果用亞馬遜發的薪水，扣掉一百五十鎊生活費，還剩七十七鎊。要應付緊急支出，例如牙痛就醫，只能加班生財，或找個什麼貸款應急，可說是捉襟見肘，生活品質差不多墜落谷底了。

我在魯吉利和坎諾克認識的人裡，有很多都已像這樣，一隻腳踏進泥巴與恐懼的困境中。房東上門催款，雇主朝令夕改，宛若不祥烏雲罩頂，去了又來，生活的樣貌就由這循環決定了。即便原本生活還算體面，只要哪天有筆錢繳不出來，欠下債務或工作上犯了小錯，所剩不多的自由與安穩便可能一夕遭到剝奪，流落街頭。根據在二〇一五年公布的一項數據，以稅前金額計，一個人要過上像樣溫飽的生活，一年至少得花一萬七千一百鎊。[37]我個人在亞馬遜拿到的稅前年薪，則相當於一萬二千七百四十鎊。

另外，還有個小問題：拿到的薪水數目可能有錯。假如不發生重大意外，薪水雖少，還能勉強維持生活品質，但人生免不了出現意外，有時也多虧了仲介或行政機關的辦事不力，為生活「增色」不少。亞馬遜一名年方二十的員工莉迪亞告訴我，她和很多朋友都遇過仲介少給錢的事。

「我以為我的戶頭可以維持良好收支平衡，結果根本做不到。」她說：「我朋友……她還沒拿到錢呢……她現在總共只拿到一百六十鎊，他們還欠大概二百鎊吧。」

用一份微薄的收入生活，是否會影響長期健康？這也是個好問題。剛來亞馬遜上班時，我約重八十公斤，堪稱苗條。每天上班都得走動十英里，活動量頗大，到了月底卻仍胖了六公斤左右。而且，我又開始抽菸了：來根菸吧，既然能短暫提振精神，為點小惡又何妨。吃巧克力條和喝濃茶，也是一樣的道理。

二十五歲青年諾爾貝，是我進亞馬遜後最早接觸的外籍移工之一。有一天在餐廳吃飯時，他走過來搭訕，不經意提到他喜歡車子和女孩子，也很欣賞普丁。諾爾貝顯然缺人作伴，見我在餐廳裡看新聞，便藉口過來吹噓攀談一番。

後來，我們找了一天約在伍爾弗罕普頓喝酒。[38]

「去他的，不知道在搞什麼。」諾爾貝跟我聊了他如何輾轉來到英國中部，並且進亞馬遜工作的過程：仲介說要帶他和朋友到倫敦，在某個霜寒地凍的一月早上兩人來到英國，但是在清晨的陽光中，他們看了看四周，奇怪，高樓大廈呢？泰晤士河和大笨鐘呢？怎麼城裡竟然這麼安靜？

「我一醒來就問：『我們這是在哪啊？』『伍爾弗罕普頓。』『這是什麼地方？』然後我們就說：『好，就先在這待一個月。』我們本來想去倫敦，結果仲介卻帶我們北上來伍爾弗罕普頓這裡。」

正如許多我遇見的羅馬尼亞人，諾爾貝認為自己和別的同鄉不一樣。「他們那些人」是一心想來英國找工作，「他自己」本來只是想到英國走走看看。他說，其他人是「過不下去了」才出國，他只是想賺點外快，好回老家買酒玩車。

「我觀察過亞馬遜裡面的所有羅馬尼亞人，大家都只是為了錢才來工作，」諾爾貝告訴我。「我跟他們想得不一樣，懂吧，我也不懂真的沒錢是怎樣。我如果明天就辭職也不會怎樣，他們就不行，不賺錢就吃屎，所以才來這裡。回去老家的話，就能過好日子，但是要有錢。對我這種人來說沒差，但別人就有困難。百分之九十的人都會有困難。」

諾爾貝再三告訴我，他們家鄉的生活「爛斃了」，很多人都是覺得生活太苦悶才來英國做牛做馬，存了錢就帶回家，幾個月後再來。有些人則把來英國當成打工度假，賺錢的同時也順道遊玩。

「他們會回去，大概待一兩個月，然後又回來，因為他們會把錢都花光。」

在諾爾貝看來，工作最糟的部分是仲介對待人的方式，實在是侮辱人。

「他們跟我們講話的方式，就像跟奴隸講話一樣。你就算在英國開銀行，來羅馬尼亞的話也會變成無名小卒。我在這裡就是這種感覺，我誰也不是。如果你來羅馬尼亞，你也會誰也不是，是英國人又怎樣？在這裡，我們就是奴隸，你去我們那裡也會變成奴隸，這世界都是這樣。」

這聽起來不過是妄想，畢竟在現實中，英國銀行家去了羅馬尼亞，也能過帝王般的生活，但我可以理解，為什麼諾爾貝要對自己說這種話。承認自己是因為國籍才受到惡劣待遇，誰高興得起來？

諾爾貝喜歡社交，外表看上去也比實際年齡還年輕。他長得高壯，說話卻很斯文。來英國之後，他發現要交朋友沒想像中容易，除了跟他一起來英國的同鄉「強尼」，和幾個公司同事來往，身邊沒有其他的人了。伍爾弗罕普頓的當地人沒興趣認識他。之前他在老家的生活還比較有趣，充滿歡笑，畢竟窮是一回事，人總是知道怎麼找樂子。

「這裡根本交不到朋友，大家都無視你，懂吧？在老家就可以交朋友，有需要就叫別人來幫忙，他們會來，而且不會要求什麼回報，他們也不想要——就只是想幫你。英國人喔，會表現得很親切，但其實沒這麼好，他們就是友善不起來。」

讓我們做個比較：從前在理何礦場的工人辛勤工作，讓中產階級生活優渥舒適，現在是諾爾貝這樣的人揮汗挨餓，為他人賺進大把鈔票，做出的商品則便宜賣給另一些人。不過，不同於從前的英國工人，諾爾貝和其他同鄉在英國連基本的政治權利都沒有，更顯得無足輕重。

在亞馬遜，正是這批飽受壓迫的外籍移工組成勞動大軍，每日隱身在鄉間倉庫，遠離任何文明城市，默默勞動。可是，也正因這些人的付出，才推動了網路購物發展，滿足快速成長的中產階級所需。

待在亞馬遜這樣的公司，越來越像科幻小說家威爾斯（H. G. Wells）在《時光機器》中描繪的情景：埃洛依和莫洛克兩種人彼此分隔，「地上的人是『都有的人』，忙著追逐快活、舒適和美貌，地下的人是『沒有的人』，不停做工，漸漸習慣做苦工的日子。」

你可以在亞馬遜網站上盡情刷卡血拚，完全不會接觸到斯塔福郡倉庫勞動處境的消息。在外面的人看不見他們的辛苦，就這樣關在巨大無比的倉庫裡，來回推著一車貨物，即使汗流浹背也沒空伸手去擦。其實，我們對外勞處境的忽視並非第一次，從前殖民地印度同樣有血汗工廠，只不過祖父母輩也視而不見，反正遠在四千英里外，轉過身去就看不到了，大家照樣開心過日子。現在的人若想孤立自己，不管外面的世界，也容易得很：舒服蹺腳坐下來，一邊燒水泡茶，一邊上網購物——想買什麼，按一下滑鼠，立即下訂，明日即可到貨。我們早就習慣買便宜的東西，可是便宜的前提，往往正是前文描述的惡劣勞動條件。

我們對生活品質的標準越來越仰賴「物美價廉」。對外界來說，在這倉庫裡工作的人，也許還不曾存在過，就像一世紀前的苦力，即便埋頭苦幹，弄斷了骨頭傷了背，地圖上也只標記他們勞作過的地點，遠處的英國人仍安居自家客廳，開懷暢飲雪利酒，渾然不覺這些人的辛苦——正是「事有變遷，恆常如故」，或許這世界從沒有真正改變過。

PART 2

黑潭

6

我終於離開亞馬遜了。某天下午，仲介公司派人來倉庫頂層打探我的動靜，然後那人走過來，在我面前揮舞一份保密協議，堅持叫我簽字。這時，我下定決心，當場提出離職。

早先訪談過一名黑潭的看護人員後，我便計畫前往當地。自從有了這想法，黑潭便產生一股吸引力，不斷呼喚我。季節推移，夜晚越來越長，我也開始嚮往走在黑潭小鎮的著名步道，像貓一樣享受溫暖的陽光。相比於待在灰暗的中部沼地倉庫，聞著又濃又毒的油漆味，悠閒漫步有著無比的魅力。

我自己也是海邊長大的孩子，像我這樣出身沿海地帶的人，總是帶著某些習性，離開海邊太遠，總是很難真正安頓，老覺得哪邊不痛快。成長的記憶當然真實，卻也是陳腔濫調和模糊記憶的混合物：一段悠長的童年時光，背景總少不了旋轉木馬、破舊的愛德華風格遮雨亭、四周往高空飛去的海鷗，好像有條線拉著牠們，成了另一端握在孩子手裡的風箏，還有小販兜售各種口味的冰淇淋與棉花糖，看了便讓人歡欣。還有，只要去了一趟海邊，即使過了好幾個星期，鞋子裡還是不時可以倒出沙子來，喚醒海邊遊樂的記憶。

種種回憶形成了一種海邊印象，這印象實則早已過時，是五十年前的陳腔老調了，正如英倫諸島上許多事情，總跟不上現下生活的時代。不切實際而緬懷，好比在沿海生活現實塗上一層庸俗想像，讓人看不見真實的掙扎，不見冬季會一連幾個月缺乏工作機會，居民生活陷入困頓的景況。

在黑潭睡過第一晚，隔天醒來，便有一種「入境隨俗」的生理感受，頗富黑潭風情：一早醒來就宿醉，全身動彈不得。前一晚，我到濱海地區一家酒吧徹夜狂歡，如今開心的感覺已經走味，有股牛奶壞掉的味道，或者像一塊肉赤裸裸放在大太陽下，久了腐敗生臭的氣味。勉強起床，嘴裡乾得像軟木塞，兩條腿也像鉛錘一樣懸在原處，動不了。腦海裡好像籠罩一片雲霧，不懷好意地徘徊不去，就算吃了退燒藥，也仍發昏。感覺起來，前一晚根本沒睡好覺。

外頭陽光明亮朦朧，透過蒙塵的百葉窗縫溢入室內，正好映照這淒涼天候的期望，希望等來一通電話，告知我的工作有著落。這差不多是黑潭的盛夏時節，鐵灰色的海上卻不斷吹來冷冽海風，拍打在旅館髒兮兮的外牆上，吹亂街道上散落的骯髒舊報紙，也讓行人不得不停下來先避個風。往上一看，天空則是一片清澈的鋼鐵色。

抵達此鎮的第一晚，我找了一家南岸地區的廉價旅館住下。旅館很大，是愛德華時代的風格，外牆已結了一片又黑又髒的蜘蛛網，沿著牆面陡峭地向上蔓延。這座古董建築過去應有一段輝煌史，如今風華早已消逝，景況悽慘地坐落在一條已然冷清的街上。從前這裡一度人來人往，在暴風雨的英國天空下，舀水鏟土的聲音此起彼落，好不熱鬧。沿著旅館往下走一段路，可見幾個衣衫襤褸又無精打采的男人正在街頭進行例行探索，鬼鬼祟祟徘徊在一小段路上，希望在路面和人行道之間的縫隙，看到一點香菸頭的橘色影蹤。他們整天都在做這件事，不過一大早的時候最是積極，因為地面上累積了來往路人一整晚丟下的菸蒂，正是豐收時。

要是站在我描述的這個地方，往一排喬治亞風格的屋頂望過去，可看見黑潭鐵塔的紅色生鏽尖頂。晚上鐵塔燈火通明，像是立在水泥建物上的龐大火炬，熠熠生輝。不過，這漆上光亮色彩的黃銅英倫海濱景色，卻好像與這衰退區相隔千里遠——這裡的旅館滿是跳蚤，路上有遊手好閒的醉鬼，大麻販子形跡可疑地來去，商店紛紛閉門歇業，用木板封住門窗，入夜後還有滿口爛牙的娼妓在提款機附近遊蕩，等著客人上門。這就是「中央街」，堪稱黑潭鎮上最破敗的區域，也是英國一處困頓至極的角落。這裡距離鎮上最熱門的景點只有幾步之遙，也曾是黃金地段，如今空蕩冷清，鎮上的計程車司機還告訴我，這附近「像個破船洞似的，沒人想和這裡扯上關係」。

後來，我從「英國照護」（Carewatch UK）得到一份居家照護員的工作。這家公司目前在英國境內有一百五十個據點，約雇用三千五百名照護人員，「應該要是最好的」[1]，有個同事這樣說。對照之後的經驗，我可能會對這句評價有點懷疑。

這不是我在黑潭找的第一份工作，但這是在我上網瀏覽搜尋了整整兩星期後，好不容易等到的面試機會。過了不久，我才知道，就算職缺早就補滿，很多人力仲介還是會把職缺資訊掛在網路上，好吸引求職者上門諮詢。這騙局再讓人熟悉不過了：看到有合意的職缺資訊後，打電話給仲介，電話另一頭的人便馬上告訴你，現在沒有職缺需求，但要不要留個姓名和電話？如果有新的消息，我們會馬上通知您。

要是你留下聯絡方式，確實是很快就會收到回音，但來的工作機會往往跟一開始看到的廣告沒什麼關係——也就是說，你從頭到尾沒接觸到有興趣的工作機會！通常在留資料後，雖然沒多久仲介就會送上資訊，但比起廣告上看得到吃不到的職缺，這些真正缺人手的工作，往往更不討喜，待遇和保障也比較差。如果你在求職網站上看到刊登超過三十天的資訊，同樣是這騙人把戲的一部分。

要當上居家照護員——也常稱為到府照護人員——其實很簡單。只要撥求職廣告上的電話號碼，回答幾個簡單的問題就行，比如：你有車嗎？（有）你住附近嗎？（最近剛搬來）你有這方面的工作經驗嗎？（沒有，但我祖母有個朋友失智之後，我照顧過他一陣子）之後，就會有人找你去面談。當時，我準備了幾份必要文件——幾組會用到的證件號碼、介紹人資料，還有接受刑事犯罪紀錄檢查的同意書——面試結束前，我就得到了工作，連到職日期都當場確定下來。

面試我的女士只花了十分鐘左右，便劈哩啪啦問完一串直截了當的問題，我不禁覺得，只要能表達出有一般常識就行。整個過程乏善可陳，唯一的亮點是我不經意提到想要這份工作的原因，是因為「聽說貴公司還不錯」。「我在網路上看到一些評價，都滿好的。」我一派奉承地補上一句。當然這話不是真的，我只是想閒聊幾句，順便表現出我有做功課，結果卻弄巧成拙。一聽到我的話，面前這位年輕女士突然站起來，雙手扠腰，不屑地搖頭，只說了句：「你不該相信網路上的任何東西。」

後來，我上網站看了一下，才知道為什麼那幾句話引來那麼帶刺的回答。除了張貼徵才廣告，這個網站也讓使用者發表對雇主的評論，給每家企業一到五顆星的評分，也可以簡單留言幾句。這當然不是很嚴謹的評鑑，但多數的評論至少能描繪出大致輪廓，讓人想像在特定雇主手下工作是什麼感覺。一般風評很好的企業，在此獲得的評分通常也很高，反之亦然。就連「資本主義魔鬼的原型」麥當勞，儘管三不五時就被勞權團體關切，在這裡也還能得出3.6顆星的評分，算是不錯。

至於英國照護，在一百五十七份評論中，只得到2.6顆星的整體偏低評價。無論評價是否中肯，從一篇篇評論中可見，整個照護產業都很缺人，這點總是事實。在今日的英國，總體人口老化，工作年齡人口則肩負經濟壓力，過勞又焦慮：為了養家餬口，工作時間越來越長，沒空照顧家裡的父母輩和祖父母輩，老人家又比以前長壽，正需人手來看顧，令人兩難。二〇一三年後，三名新生兒中，大約就有一名預期壽命可達一百歲，同時，英國的工時也是全歐洲數一數二的長。因此，英國的老年人口彷彿變成「一個個打包待售的商品，誰出價最低，就賣給他們」——別家照護公司的照護員這樣跟我形容。[2]

後來我又目睹一次等候面試的場面，再次印證要走進居家照護這行有多簡單，簡直暢行無阻。公司的辦公空間是在一幢平房，輪班室旁就是接待區，當初我正是在這邊面試，那天我一走進接待區，便見幾個年輕女人緊張的坐在一旁，等人來帶她們進入燈火通明的面談室。

她們看似已準備好要加入苦勞的行列，接替前一批不久前才揚長而去的年輕女子。居家照護這行的離職率可算相當驚人，我上班的第一個星期，就有同事告訴我，英國照護「超級缺人」。這公司和同業之所以這麼缺人，並不是招不到人，是因為沒幾個人待得久。照護產業的人員流動率是25.4％，也就是每年約有三十萬個照護員離職。[3]只看私人企業和居家照護員的部分，比例又更高。那位同事表示：「大家來來去去，因為只拿到最低可生活的工資，誰受得了。」

面試結束之際，公司請我做的第一件事，就是下周一開始進行四天的訓練。除了最後一天簡單說明，教我們怎麼用升降床幫老人家起身和活動，整個訓練大多時候都只是課堂講解，還有不斷地填表格。這批參加訓練的人共有八名，二男六女，星期一開始上課，還沒到星期五，就有兩個女同事中途走人。說來整個訓練頗為枯燥乏味，大部分時間我們都無精打采地坐在教室裡聽課，主管只是不斷翻過一頁頁資料，口頭走過一遍公司發的手冊和參考指南。

我們匆匆學到清理和更換導尿管的方法，避免沾到尿的訣竅，如何注意照護對象服藥的狀況，還有如果上了門，卻發現照護對象倒在地上，這時該怎麼處置——快打999急救電話，不要亂移動病人！理論上是該學到很多東西，但這種累積知識的方式，卻好像只是為學校考試衝刺的填鴨。全部的資訊都壓縮進短短一小段時間，結果硬塞猛吞到了一定程度，後面學的東西就把前面學的全都推擠出來，腦袋成了米袋，米粒從破洞汩汩被推出了洞外。訓練結束那天，我回到家只覺得很累，連到時上門照護，最重要的幾件事該怎麼做，仍然一頭霧水。

在訓練課程中，我們的頂頭上司維琪都充當病人角色，協助課程進行。她倒是演得很樂意，覺得自己做了件有益社會的好事。維琪整個人散發的氣質既不古板也不無趣，和亞馬遜還有 Transline 的低階主管完全不同。我在魯吉利見過的那些主管，通常會對我們不聞不問，可能是希望和下屬拉開距離，顯得比實際上還要高高在上，但維琪不一樣，從不擺架子。她自己是照護員出身，也是我在這行第一個遇到的老手，聊到客戶的話題——我們都這樣稱呼要照顧的對象——態度也是一片赤誠，真心投入，倒令人有些意外。

看過那麼多媒體報導的照護員疏忽釀禍事件，我早就司空見慣，已經開始假設看護都很冷血，八成都會虐待人。進了這行，便等著親眼見識業界的「老鼠屎」。結果我很快就發現，大家會怪罪照護員，是為了開脫整個產業待遇不佳和連帶發生的種種問題，便使用「老鼠屎」來做替罪羔羊。

其實，每個從事照護員工作的人，起碼都有一、兩次嚇人的照護疏失，但整體來說，我遇過的大多數照護員，都把這工作視為一份值得投入心力的事業，也願盡心盡力幫助有需要的人。如果出事了，大部分是因為公司高估照護員的能力，所以聽到維琪意有所指，說英國照護名聲大不如前，都怪照護員表現不好，頓時讓我對她的好印象有點打折。她厲聲說：「公司名聲都是被你們照護員搞壞的。」[4]但這句話只對了一半。

到職當天，我們都簽了合約。合約最前面印著幾個灰色大字：「零工時合約」雖在意料之內，看了也著實心驚。據統計，迄二〇一六年六月前，也就是我寫作本書時，這一年間在英國簽下零工時合約的人數近一百萬人（90萬3千人），佔全部雇傭合約的21％。成人社會照護產業中，則約有四分之一的職缺以零工時合約提供。[5]打開合約往下翻，可見條款措詞嚴苛，在在顯示出零工時的意旨：乙方或有未分派到工作之情形，甲方此時並無責任提供乙方工作，亦不就此種情形支付任何款項。

按照合約，公司在任何時間都可以派工作，也能告訴你這整星期都無事可做。簽下零工時合約，就必須承擔不穩定的工作量，同事們卻都能漸漸接受潛藏其中的不安全感，當成日常生活的一部分，好比通勤一樣稀鬆平常。「都是這樣啊。」大家都一派認命。在零工時的前提下，合約條款也告訴我們，這份工作的「附帶條件是（乙方）須同意彈性工時」。如果誰兼了差——比方說，認為自己應該多工作賺錢——就得告知公司，接著英國照護「若合理認為……兼職可能會和乙方在英國照護的職務衝突，甲方即不須分派任何工作」，聽起來好像公司是我們的主人一樣。

合約裡還有一些引人注目的部分，特別是字裡行間對勞方流露出滿滿敵意，整份文件散發強烈的鄙視，恰似柏油路面熱氣蒸騰散溢：本雇傭關係不適用任何團體協約。為貫徹英國照護提供服務之宗旨，任何工會皆不予承認……諸如此類。

有位別家公司的照護員，告訴我，她「不管到哪家公司，都要隱瞞自己工會成員的身分」並補充，一旦公司發現她是英國公共服務業總工會（Unison）會員，就會請她走人。

「以前，同事之間都是偷偷說這些事，」她描述：「還是同事勸我：『快加入總工會吧。』[6]我才知道要加入。當初在培訓的時候，我提出工會的問題，而且還用很中性的說法，結果公司的回答感覺是在警告你，他們基本上希望你……越天真無知越好。」

正式上班前，我遵循「跟班」流程，跟著別的照護員一起工作三天，觀摩學習後，最後一個挑戰是必須通過DBS檢查。要從事照護產業的每個人都得通過這關，確認自己沒有前科紀錄，才能正式開始工作。DBS的前身是犯罪紀錄局（Criminal Records Bureau，CRB），只有雇主和特許機構可以請求DBS進行良民檢查。這檢查的理由可真是再正當不過：預防不適當的人選接近沒有抵抗能力的成人和兒童，例如有施虐、戀童癖、犯罪紀錄的人，都在提防之列。

這個檢查有時會拖慢整個招聘流程，造成許多麻煩，因為近年中央政府大砍警政單位預算，負責辦理的人力不足，造成許多勞工都得等上幾個月。檢查結果出爐前，你都無法正式工作賺錢，如果得待業幾個月，結果可想而知：等工作，等薪水，只能坐吃山空，存款慢慢見底，或者得先找其他工作墊檔，好養活自己，這時為了活下去，做什麼都願意。很多時候，好不容易等來無犯罪紀錄證明，原本的工作機會早就沒了。很少有雇主樂意跟你一起等兩、三個月，畢竟一開始面試徵才，就是想要找人補缺，多數企業當然會希望員工可以馬上到職。於是，就像鮭魚逆流而上，有些人幸運等到了良民證，其他人仍只能處在不確定的處境裡，擱淺停滯。

我們這批新人申請DBS檢查之後，便宛如落入黑洞，杳無音訊。一旦申請，就只有等的分。有些人等幾天就拿到證明，其他人卻可能得等上十天半個月，我運氣不好，成了第二種人。因為我之前都住在倫敦，便用倫敦的地址申請，倫敦警察廳手上的業務量可是首屈一指的龐大。我就這麼被丟到孤苦無依的處境，忍受冗長又不確定的等待——當時我已應徵上英國照護的職缺，卻遲遲不能開始工作，這不是因為我散漫懶惰、不負責任或判斷力差，是因為整個國家預算不足，被砍得刀深見骨，也就凡事都做不好了。

7

正式受雇後，我一直等著公司來通知我去工作，最後我消磨了整整七個星期，才分派到第一次工作。而在電話來之前，我得想方設法殺時間。我有心好好利用這段空檔，便決定盡快搬離這家起初落腳藺居的廉價旅館，去租個價格合理的房子。在旅館租的這個淡粉色房間，和船上的客艙差不多大，塞入了兩張單人床，恰到好處擠在一塊。整個房間有種斯巴達式的簡陋，堪比牢房，房客之間又謠傳，等到下雨時，浴室裡的衛浴設備還會滲出生鏽顏色的水，狀甚可怖。總之，沒踏出房門前，一切都還能忍受，一旦出了門又進來，那股霉味可真讓人欲哭無淚。

待在黑潭的第二晚，我便無精打采地在鎮上到處遊蕩。我走上海濱步道岔出的一條路，這裡處處可見投幣販賣機，空氣裡飄來油炸食物的香味，出自狀似油膩的咖啡店和炸魚薯條店。接著，我轉向破爛偏僻的街道，散落各處的洋芋片包裝和狗屎，構成路面一片骯汙景象。相隔不遠處的海濱，適逢觀光旺季，酒吧和俱樂部不斷湧出醉客，興高采烈的神態，宛若躁動行進的蟻群。我走進一家步道上的雜貨店，想買打火機，店主冷不防地對我說話，嚴肅地表示他「真討厭這些人來」。

「他們進了門就跟你殺價。我說六根棒棒糖賣一英鎊，『我給你五十便士吧。』我才不要五十便士，一鎊就是一鎊。『算我五十便士啦！』就把錢丟過來，我馬上丟回去：『錢你拿回去，滾！』」

太陽下山後，黑潭便呈現了好幾種不同型態的英國生活。一方面，儘管黑潭風光不比昔日，勞工階級男女還是會來此舉辦告別單身派對，盡情狂歡。隨便哪一晚，都可能遇到一群身穿高爾夫球裝的男士，在街上晃蕩。儘管英國沿海地帶經濟不斷惡化，像黑潭這樣的地方，仍保有放縱逸樂的魅力，年復一年，依舊吸引遊客前來，只不過比起全盛期，人潮也銳減許多。走進黑潭，就能拋開所有束縛，了無牽掛。上流階級若想度假，會搭上噴射機到托斯卡尼和法國阿爾卑斯山等勝地，至於黑潭這種地方，則表彰中下階級俗麗的生活色彩。在此，放縱尋歡可與高尚歐洲文化的美學饗宴齊肩並列，娛樂價值並無高下之分。

過了特倫特河，彷彿來到另一個英國，屬於工人文化的英國。黑潭的崛起正是順應工人階級大眾文化的發展。

念舊情懷總是久久不散，雖不獨工人階級的城鎮才有，但黑潭這樣的地方，老讓人有種此地正急遽衰退的感覺，情感便總更容易催化，格外惋惜。很多人假日來黑潭，是因為念舊，其他人來這裡，卻是想懷舊，或者至少想體驗懷舊的感覺。

當初開發此地區時，濕地上還有些野兔蹤跡，當地人彷彿仍歷歷在目。在魯吉利和黑潭這樣的市鎮，過去幾十年來，因為經濟轉型，已失去原先仰賴的收入來源（黑潭喪失的正是觀光收益），又未能找到新的發展重心，於是漸顯蕭條。

儘管走向衰落，很多鄰近地區想找工作的人，還是會如飛蛾撲火般，義無反顧來到黑潭。畢竟，這鎮上的確風光過一陣，充滿活力和機會。在「光亮木」酒吧，我遇到一位剛從海濱步道過來的鎮民，跟我解釋了典型的過程：「來這裡的人都會跟你說：『這裡是黑潭啊，我們一定會成功！』就把別的地方的房子賣了，搬來鎮上。第一個星期住民宿，出去也沒找到工作，可是房子都賣了啊，最後只好流落街頭。」

黑潭確實有嚴重的遊民問題。太陽一下山，這群喪志潰敗的大軍便好比都市裡的野狐和野貓，從陰暗角落蜂湧而出。此地的情況太糟，大多數的商店和餐廳門口彷彿都有堆破布山，一來到這鎮上，我便見一家自助洗衣店門口積了一堆待洗衣物，起初還以為是提醒衣服的主人來收拾，結果皺巴巴的紙箱和垃圾袋下，原來躲著一位老先生。有時，也能看見有人因為吸食「香料」（Spice）而進入亢奮狀態。這是種看上去像碎草藥的綠色混合物毒品，混有合成化學物質和類似大麻的藥草，附近地區一袋僅要價十英鎊。「香料這玩意啊，」酒吧裡的酒保和我聊起，聲音裡滿是不屑。他指向外頭一個年輕人，那人俯趴在一家炸雞店前，身後還流下一道失禁的痕跡。「大家都染上這去他的鬼東西了。」

他們是人——走在路上，每看見有人吸食「香料」後的模樣，你難免不自在起來，便暗自提醒自己，並克制著不要刻意打量人家。黑潭鎮上的街友人數，確實比倫敦某些區域還多，據我在當地報紙上看到的一份數據，每年黑潭約有二千五百個家庭因為已經流離失所，或有此風險，而向鎮方求助。[7]近年來，許多房東以租賃權保障期間到期為由，趕走房客全家，這樣的事情在英國各地已越來越常見。[8]

有次在黑潭公立圖書館外，我遇見了一對無家可歸的父子，他倆前一天才因為找不到房東而向鎮方求助。他們本來有房屋津貼，但租到房子之後，房東搞失蹤，就業中心也沒辦法發津貼給房東，這對父子只好流落街頭。

海濱步道旁的酒吧和餐廳在夜晚重現生機，然而在聲色犬馬與飲宴歡愉之外，遠處的貧寒景況只深埋於黑暗中。不分男女都神色鬱悶，縮著身體走向在酒吧外抽菸的幾個人，討點零錢或一小撮菸草，惹得對方一臉尷尬。鎮上僅有的幾家旅館都客滿到最高點，半個床位也擠不出來。每晚九點左右，鎮中心許多建物門口和走道上，紛紛有人選定落腳，準備露宿過夜。不想蓬頭垢面的人，就上一趟黑潭的「二十便士大旅社」——也就是鎮上圖書館的公廁和洗手台，簡單清洗一番。我正是在這公廁外面初次見到蓋瑞，一旁陰濕又臭氣沖天的走廊上便是他平日夜宿的地方。

蓋瑞以繪畫和裝潢為業，不過和他認識時，他的畫筆和滾筒早已不知去向，他只背著自己的「家」和隨身攜帶物品，像蝸牛殼一樣扛在身上走。蓋瑞才四十出頭，已經頂上無毛，還有一對顯眼的招風耳。有時候，因為光線的關係，蓋瑞看起來比實際上老得多，臉上的溝紋很深，好比孩子拖著樹枝，在柔軟沙地上劃出的痕跡。那一整天，蓋瑞只吃了塊圓麵包，喝的四杯茶還是好心的路人買給他的。

當時，我本就打算熬夜，好看看入夜後的鎮上有什麼變化，便決定和蓋瑞作伴。我們在泰爾伯街上一條走道棲身，一旁還有一位年紀比較大的男士，用塑膠布把全身裹得緊緊的，狀似一條毛毛蟲。那天是星期六晚上，乾燥的八月空氣裡，飄來滿滿的尖叫笑鬧聲，還有為足球隊助陣的歌曲，聽來是酒客和找樂子的人紛紛走出了酒吧，正準備搭計程車離開。離我們不遠處，有一整排烤肉鋪，正好給酒醉作樂的人助興。蓋瑞說，他每晚都選這裡過夜，是因為有監視器看著，能睡得安心些。

「如果有監視器，他們就看得到發生什麼事。有監視器，我就知道不必擔心。」他一臉憂愁地告訴我。

周六晚上，許多英國小鎮都有暴力衝突。一觸即發的氣氛，像排水管惡臭，在空氣中揮之不去，而且比起倫敦或曼徹斯特這種大都市，許多小鎮上的危險氣息更是濃厚。

蓋瑞一臉安心地指著頭頂上那些監視器給我看，當下我只是好奇他說的到底是什麼意思。除了偶爾幾個雙頰凹陷的毒蟲，四處遊蕩想買毒品吃，蓋瑞到底有什麼好怕的？過了幾天，我才徹底明白自己有多天真。我碰見一個女街友，一隻眼睛腫得厲害，她說這是前幾天晚上受的傷，那晚她躺在一堆廢棄物旁補眠，有幾個喝醉的路人經過，不由分說便對著她的臉猛踢，好像她的頭是足球一樣。她說，最慘的不是這個，是那些惡棍踉蹌跑開時，還不忘惡意大笑奚落她一番。「去找工作啦！」其中一個男的在她尖叫時朝她大吼。一群人跌跌撞撞進了一家烤肉鋪，笑得像群狂躁滋事的法西斯分子。

「沒有人去想你為什麼在這裡。」蓋瑞說：「大家只會對你吐口水，晚上喝醉之後對你丟空瓶子。你一定沒辦法想像，我被很多人丟過瓶子、吐口水，也被揍過。他們不會看到你這個人，也不會相信你說的話。」

有些路人則希望街友表現出一點懺悔的樣子，好換來他們微薄的施捨，這情況也同樣令人難堪。「你最好把錢拿去買東西吃！」給錢的人會這樣「指教」蓋瑞，好像給東西的目的，是要從這個他們看不起的街友身上，擠出最後僅剩的一絲自尊心。

我遇見蓋瑞的那晚，連下了好幾小時苦雨，一直下到了天明，路面上因而散逸出一股發霉腐臭的氣味，唯有像我倆這樣坐在路邊才聞得見。其實，我不敢坐得離蓋瑞太近，總怕傳染到什麼病。如同許多「文明人」，不知不覺中，我已對街友形成一種印象，覺得他們不是吸毒就是老混在不乾淨的環境裡，與細菌和病源為伍。以前的我，可以和三五好友窩在冬暖夏涼的酒吧，大肆議論蓋瑞這類人，如今我處在他相同的環境，只能用沁濕的紙箱裹著身子保暖，承受上百萬種陌生又不盡愉快的感官體驗，這才體會到，這和躲在酒吧議論可是完全不同的兩回事。此刻的你，也被迫揚棄從前有意無意所接受的觀念，不再對露宿街頭的人有偏見，雖然事實上任何人都不可能真正改變看法。

話說回來，蓋瑞倒是真的生病了，他的身體已受癌症侵擾。他說出這件事時，我突然感到一陣羞愧。

除了定期化療，蓋瑞也得每天兩趟，萬般艱辛地走到鎮上的藥局去領三種止痛藥，領到藥劑之後，必須配上好心路人送的茶或咖啡，才吃得下藥。

蓋瑞和大多數癌症患者不同，他「對抗」病魔的條件不好，不僅常三餐不繼，晚上睡覺也總被噪音、落雨干擾，有時還要被路過的醉鬼拳打腳踢，難得安眠。蓋瑞的「休養」基本上就是平躺到地上，同時遭受成千上百路人的厭棄與惡意目光，如此而已。

首度確診癌症後不久，蓋瑞多次嘗試自殺。他曾拖著身子，勉強爬上一棟大樓的高樓層，找了扇離地面八十英尺的窗戶，往下一看，只見腳下雜亂蔓延的城鎮街道，和那遠近馳名的海岸景色。

「我就把手背到後面，往上看天空，跟父母說聲對不起，最後只記得把踩在屋頂的右腳往後一蹬，其餘的都不記得了。」

當時的蓋瑞從半空中不斷往下墜落，一邊感覺身體翻轉了好幾圈，一邊等著——等著要粉身碎骨，「碰」的一聲摔在地上，眼前一片黑。結果，他沒摔到水泥地，反而不知撞上什麼東西，反彈了一下，最後像一個破爛的玩偶一樣，被摔在地上。

「看來，八成是中間那三扇打開的窗戶救了我一命。如果窗戶沒推開，打斷我掉下來的過程，我現在就不會在這裡了。」

根據地方報紙二〇一六年發表的統計，每十萬個黑潭居民裡，就有十七人企圖自殺——約達全國平均值的兩倍。[9]黑潭鎮的自殺人數是全英國第四多，至於我正要開始的照護員工作，則是女性自殺率最高的職業。

蓋瑞因跳樓而受重傷，在醫院住了將近一年。出院時，他的生命幾乎無所憑依：工作沒了、房子沒了，前途一片渺茫，身上又帶有癌症。我遇見他時，他已在街頭流浪了五星期，還要三星期又兩天，他才能取得社會安全的救助資格——他已年滿十六歲，沒有直接扶養的兒童，也不屬於緊急安置的「優先」身分，因此只能設法熬過這段時間。在等到救濟之前，他進退兩難，遭人遺忘，他相信自己不只摔下樓，也從社會安全網的漏洞摔了出去。他每天都數著日子，等申請救濟的那天到來：「還有三星期又兩天。」他對我說了好多次。在那天來之前，他還是得吃、得睡，做什麼都得在風吹雨打的戶外進行。

「我出院那時沒有馬上去申請，因為我以為不會用到。其實我應該有資格拿到社會福利，比如可以每天或兩天看一次醫生之類……我也以為社福會自動把我算進去。我猜他們跟我講錯了，因為現在跟以前制度也不一樣。以前也沒申請過，所以什麼都不知道，反正現在就是沒地方住就對了，整個弄得一團糟。真糟蹋人……念過書、工作過，結果現在成了這樣子。」

蓋瑞說這段話時，都正眼盯著我看。他的皮膚看來黯淡缺少血色。他每隔兩天會到附近的救世軍旅館洗衣服，每次花費一鎊，但身上沒錢，便只能向路過的人求助。

「你一定不知道這有多難，」他告訴我：「有時候，還要先買杯飲料，才有藉口坐下來，跟旁人開口。我前半輩子都努力工作，現在這樣做，實在太丟臉了。我不是在貶低自己，只是有些人是一直都沒地方住，哇噻，他們一定比我強一百倍，我都不知道他們怎麼辦到的。」

蓋瑞的故事中，有一點特別值得一提：在發生近日遭遇前，他原有遮風避雨的房子、一份周薪四百英鎊的工作，衣食無虞，生活可算過得體面，多數人聽了想必都會點頭認可，如今一切卻從手中溜走，好比流水沖進排水孔，一去不復返。現在，蓋瑞的人生正如他所言，就是「一團糟」。

有個睡在附近的人聽見我們說話，便偶爾從一堆塑膠袋裡探出頭，露出一大把棕色鬍子，還有只覆蓋半個頭頂的稀疏髮絲。這男的眼窩深邃，滿臉痘花，恰似月球表面坑疤不平。在睡袋底下，可見他身穿一件髒兮兮的破T恤，待他一站起身，又可見上衣下面一副單薄的棕色身體。這人看上去飽經風霜，正是蓋瑞仰慕的那種街頭老鳥。一聽見蓋瑞沉痛哭訴鎮上旅館處處客滿的情形，痘疤男也滔滔不絕抱怨起來。

「我去鎮公所，他們說要給我旅館床位，結果最後還要付四十鎊。」痘疤男邊抽菸邊說，面前一片煙霧彌漫。

「每星期的福利金裡面要撥四十鎊出來住旅社，你懂這什麼意思嗎？我還要看醫生拿藥啊。」

這人驕傲地告訴我和蓋瑞，說他肺的狀況和百歲人瑞差不多，倒不是因為喜歡抽又濃又嗆的菸，而是因為他做了半輩子裝潢，長期接觸那些氣味刺鼻的油漆塗料，久而傷身。這天，他也隨身攜帶油漆刷出門，還有三片已皺爛的瓦楞紙板，一選好坐臥的地方，便用刷子清掃附近地面，再鋪上紙板。如此打掃是避免晚上睡覺時，有塵土和蟲蟻入侵他的塑膠睡袋。他接著描述之前如何難得好好梳洗一番，刮了鬍子，才能不引人注目地走進咖啡廳，坐下來點東西吃，吃完了再走出店門。他用粗糙的聲音說，這麼做「總比整個晚上餓得睡不著好」。他把菸盒遞給我，神態恍若博物館導覽員，手上拿著珍奇藏品，要向來客展示一番似的。

窩在十五英寸寬的骯髒薄紙板下睡覺，可一點也不舒服，好比淋雨之後被感冒纏上，通體不舒暢。如果想在地上躺平，尾椎骨就會抵在硬邦邦的水泥地上，如果側睡，換成髖骨著地。就算真的睡著了，也是斷斷續續，不是完全清醒也並非不省人事，而是困在渾沌的灰色折磨狀態，總是能感覺到周遭事物——逼人的風鑽進衣服縫隙裡，附近酒吧傳出粗聲嘶啞的陣陣笑語，路人經過的喧鬧聲，你半閉的眼前飄過了一張張皺縮僵硬的臉孔，好像只是一些灰暗的汙點一樣模糊不清。你感覺自己在原地漂浮，偶爾噩夢侵擾，夢裡的自己踉蹌摔下了某個窗台。依我看，只要在室外席地而睡，就算只睡一小段時間，都能讓最力拒誘惑的人迅速繳械投降，尋求藥物麻痺心智。

隔天，我們早早醒來，早晨第一道曙光正好灑過整個鎮上，一路移動到海濱，迎上湧向岸邊的潮水。昨天那個鬍子男已不見蹤影。人滿為患的各家旅社也湧出餐具碰撞的聲浪，夾帶培根與雞蛋的香味，正是為房客準備早餐的光景。英國醒來了。我想，我和蓋瑞頂多只睡了三個小時吧。我向他道別，準備離開。這天早上，他看起來比之前更樂觀，還開心地告訴我，他還是「有福氣的」。

「我起碼還有幾套衣服可穿，」他得意地說：「我不會大剌剌地說我什麼都沒有，因為我還有幾套衣服，還比一些人過得好。」

後來，我決定繼續出門探查，想知道街頭流浪的生活，和一般所謂平凡人生，也就是有工作、有薪水、吃飽穿暖，有地方住的生活，兩者間的鴻溝究竟有多大多深。

二〇一六年八月，專門處理街友問題的「庇護」（Shelter）組織發表了一份報告[10]，聲稱英國有三分之一的家庭，在失業一個月後就無力支付房租或貸款。經過二〇〇八年經濟大衰退，流落街頭的人數大幅增加，二〇〇九與二〇一〇年後，街友人數更幾乎每年成長。[11]都市裡確實可觀察這類現象，在地方小鎮又更顯而易見。每個市鎮最熱鬧的街上，都有男女盤腿坐在地上，用搖尾乞憐的神情仰望路過行人。地方政府一如往常「正在探討問題成因」，卻只是公事公辦，立法執法，而不是基於人道關懷——有次，《蘭開夏晚報》頭版上刊登了一項公告，志得意滿地宣揚道：警方逮捕一名在普雷斯頓街頭行乞的男子，首度針對此類行為發出警告。這句話的上面是一條火藥味十足的標題：「流浪人口或將走上窮途末路」，搭配的照片是事件中的乞討者，只見他一臉憔悴乾瘦，像個骷髏頭蠟像般，茫然不知所以。

看待蓋瑞這樣的人，很容易落入家父長主義（譯註：「家父長主義」可粗略解為「基於權威並以他人福祉為由，限制對方之自由或剝奪其利益」，常見於在上位者或掌權者「我是為你好」之宣稱）的窠臼，覺得窮人都「受盡壓迫」，卻忽視他們身上可能有的一切惡性。每個社會階級都一樣，就算身無分文的人，也會有缺點，肯洛區（Ken Loach）電影裡那些善良誠懇的角色是窮人，在蓋瑞落腳的街頭，那些散漫遊蕩的醉鬼也是窮人。要說有什麼真正的錯，就是誤解，完全低估物質因素的影響，因為實際上，物質因素會把像蓋瑞這樣「值得救助」的人，轉變為那堆在街頭晃蕩、衣衫襤褸的酒鬼，每天從粗糙的褐色紙袋裡掏出瓶罐，大口暢飲，遊手好閒。

不必慘絕人寰，只要人生中遭遇過幾次不順，霉運就可能累積起來，像一層層碎石壓在一個人身上，直到有一天，再也無法擺脫困境，整個人便垮了。至於偶爾興起便對街友施暴的人，必定看不慣這些男女在黑潭景色蕭條的通道走廊下，席地而睡的樣子。「這哪還像個人？」施暴的人大概一面如此喃喃自語，一面鑽進計程車，一回到家，舒服沖個熱水澡，再窩進溫暖的被窩，餓了也有滿桌的食物可吃，對於這些陷於水深火熱的街友，則移開目光，眼不見為淨。

8

照護員的工作，或許可算是現代國家的一道背景。星期三中午，多數人正在辦公室上班時，照護員便像一道藍色閃電，從庭院小徑和門廊猛衝而出，好比郵差身穿紅色制服的身影，在冬日早晨結霜的窗外一閃而過，只聽見一陣往信箱投信的哐啷聲。除非自己需要照護員幫助，或者親身投入這行，否則平常根本不會注意到有這群人存在，就算看見在不同人家造訪來去的藍色身影，也不知道這是何許人也。認識到有照護員這門工作後，每次看見這面帶愁容、態度戰戰兢兢的照護員，你也許猜得到，此人大概才剛清理過一攤嘔吐物，或幫人擦屁股。某些特別艱難的日子，照護員或許還是某人斷氣前，最後一名交談的對象。儘管辛苦，照護員在社會上卻被視如敝屣，或者「講難聽點，和清潔人員沒兩樣」，有個照護員同行是這麼形容的，反正都沒什麼地位可言。

一九七九年，有64％的安養機構與護理之家床位都由英國國民保健制度（National Health Service，ＮＨＳ）和地方政府提供，到了二〇一二年，此數字卻已驟降至僅剩6％，多數床位都改由私人機構提供。目前，私部門雇用的成人社會照護員佔比超過三分之二，其中有一半在照護機構工作，38%則受雇於居家照護事業。[12]目前，約有三十萬英國人住在安養機構，五十萬長者和身心障礙人士則依賴居家照護，協助洗衣和更衣等服務。據估計，因為人口逐漸老化，需要社會照護的成年人，未來十五年間會再增加一百七十萬人左右。[13]

待遇方面，多數照護員只能領到最低工資。通常，到府訪視會在二十分鐘內完成，每次結束後，她們（有80%的成人社會照護員由女性擔任）就會衝出客戶家，鑽回車上，匆忙前往下一家，趕赴下一個預約。[14]她們的雇主，通常是用最低價從地方政府標到案子的公司，最重視成本控制，想必會希望照護員在相同的時間裡，可以多清幾條導尿管、多換幾片看護墊，好發揮最大效益。

照護業者爭相奪取逐年縮水的社會照護預算，導致劣幣驅逐良幣的結果：照護人員報酬微薄，只有一份不穩定的零工時合約保障，整個居家照護產業則流行閃電到府快訪，逐漸成為業界常態。

現今的照護服務品質本已滑落應有水準之下，又因地方政府預算被砍而更加惡化。預算不足，不僅影響照護人員的勞動條件，最後也連帶影響付費購買照護服務的病弱人士。國家推行撙節政策，地方政府預算縮減，導致部分地區最後撥給長者居家照護的經費，遠少於每周五百五十四英鎊的建議標準。同時，某些私人照護業者則希望至少回收12%的投資成本。不同因素各自促成了現況。

若將問題只歸於地方政府預算，那還容易，但社會照護私有化的趨勢，已將整個產業罩上一層營利事業的外觀，有時利潤似乎比需要服務的對象更重要，更甚於人的安康福祉。在互相競爭市場的許多業者眼中，哪還有需要照護的老人家，不過是資產負債表上的金額罷了，因為化身為數字，才顯出分量。這產業慣用的行話，正好反映這貪婪逐利的本質：年長者是「客戶」、「顧客」和「服務使用者」。

在英國照護報到後，過了幾星期，我才終於有機會實地進行居家照護工作。某天，接待員突然打電話來，問我能不能立刻上工，跟著另一個照護員去訪視。她還跟我保證，所有幫忙的部分都能支薪。當時，我還在等DBS檢查結果，不能正式工作，但是從旁協助就沒問題。國家對特定類型的照護工作管制較嚴，比如用升降床移動客戶身體，因為安全考量，法規便要求這項程序須有兩個照護員才能進行，但一般的照護項目，業者就能派還沒跑完DBS檢查的員工進行——當然，如有萬一，業者須負全責。

說起來，DBS制度的效率實在令人詬病，導致我得跟著別的照護員，才能出去進行訪視工作。在我搬到黑潭滿六星期時，文件仍困在「處理中」，還剛好是由人力過度吃緊且經費完全不足的地區警方處理，效率可想而知。

在我開始實際進行居家照護後，通常一次訪視必須在三十分鐘內完成，包含全部的通勤時間，所以扣掉從一地出發到客戶家，再從客戶家到另一地的時間，只剩二十分鐘左右可以做事。而且，有時東減西扣，在客戶家的時間更只剩寥寥五或十分鐘，這是因為照護員的行程表很滿，塞得像罐頭裡的沙丁魚，毫無空隙。所以不論拖延原因為何，只要在前一家耽擱了，就要設法彌補，分秒必爭，自然壓縮到後面的訪視進度。結果，接下來大半天都在趕時間，服務後面每個客戶的時間都跟著縮短，一心只求趕上預期進度，不要超出預定時間。如果辦不到，就得整天不停工作，早上七、八點開始，晚上十點或十一點才能收工，而且中間連喝杯茶或咖啡的時間都沒有。相對地，很多不計入工時的時間，反而是呆坐在停車場，愁眉苦臉等電話，只能枯等公司派下一趟任務來。

根據五十二歲愛丁堡居家照護員海柔的說法[15]，通常一天的工作流程進行如下：「你從早上七點工作到下午兩點，如果中間有哪一趟拜訪拖到時間，後面兩小時的休息時間就沒了，因為四點又要回來值班，到晚上十點半為止。我的意思是說，十點半其實就跟十一點差不多，而且還沒算通勤回家的時間咧。」

回到家，半夜十二點到一點間上床睡覺是稀鬆平常，睡到六點便得起床。我大約是在早上六到八點之間和搭檔的照護員碰面，然後一路工作到下午兩點，兩點到

四、五點之間休息，再回來值班到晚上十點。如果中間能休息到還算走運，畢竟這份工作實際上是要確切遵守時間表，沒什麼讓你好好照顧老人和窮苦人的餘地。

進了客戶家之後，我會先看看他們的專屬照護計畫，了解他們的個別需求。如果有搭檔，會一起協助客戶下床，扶他們走到浴室，進了浴室後，幫忙他們清洗身體，然後更換紙尿片或衛生棉。完成清潔部分，我們會協助客戶更衣，再讓他們服藥。最後可能要幫客戶做飯，順便泡杯茶或咖啡給他們。

在日常的照護任務中，你很可能得久站一整天。有個同事說，他一星期工作八十小時，只為了養活自己和身障的另一半。另一個同事則說她「每晚回家都已經十一點了，隔天早上七點又要上班。按照法律，應該有十二小時的休息時間……真希望誰來跟公司提醒一下。我們沒人能休滿十二小時，都是七、八個小時而已。」[16]

公司裡有個較年輕的同事，在速食店兼差，通常她晚上十點下班後，還會到餐廳值班到凌晨三點。聽到這裡，你大概會想，如果從事照護工作賺的錢再多一些，她應該比較想回家睡覺吧，誰想要大半夜的還去餐廳上班，幫客人打包外帶餐點？

除了體力上的勞動，居家照護工作也常造成情緒負擔。清理別人身體排出的東西已經夠挑戰人了（「你只能早點習慣。」有個照護員這麼說），有些照護對象的處境，除非鐵石心腸，見了實在很難不動容。我自己就見過年紀非常大的客戶，親人不聞不問，家裡沒有一點東西吃，我們只好不定期替老人家出門採購，買些牛奶和麵包之類的必需品。可是，既然我們有時間壓力，什麼事都得火速完成，也就不是每個照護員都願意「加碼」幫這些忙。

比如有一次，我幫忙一位全盲男客戶洗澡，就花了超過二十分鐘——已經達到表定拜訪的停留時間了。其他時候，如果不多花幾分鐘，可能就會讓客戶處於無人看護的危險狀態。另外，幾乎每個照護員都照顧過獨居老人，這些老人家不僅家裡沒暖氣，也吃不飽穿不暖。如果拜訪遲到——有時可能不是你的錯——進了門，可能會看到客戶一個人坐在被尿液浸濕好幾個小時的護理墊上，生出嚴重褥瘡。這類的處境還有很多，數也數不完，但身為照護員，提供幫助的時間總是有限。時間老是不夠。有些和我搭檔的同事，會刻意提出一些讓人有壓力的問題，好讓訪視任務趕緊結束，像是：「你今天不必買東西吧，艾索？」或者「你還不餓吧，布萊恩？」通常客戶不想給我們添麻煩，就會說不需要。

有個同事早發現有這種情形，向我轉述所見所聞：「比如說，有一個照護員和一個需要服務的人……這位女士需要換墊子，然後照護員問她：『你現在不用換墊子吧？要嗎？』這樣問，客戶有時候就會說『不要』，其實她明明需要。這是在誘導嘛……所以我都會再問一次：『你確定？』搭檔照護員就會改口：『還是幫她換好了。』我只是想確定客戶都能滿足需求。如果這位女客戶不用換墊子，本來要花四十分鐘，變成只要十分鐘就能收工，有些人就想快點了事。這樣實在不太好。」[17]

還有個麻煩：每當你進行一件工作，心裡便知道同時間可能還有別人正在等你。如此一來，就算能和照護的對象建立關係，關係也會受影響。根據慈善組織「英國護老」（Age UK）於二〇一六年進行的研究，六十歲以上的長者中，超過五十萬人處於獨居狀態，鮮少與人互動，也有近五十萬長者連續五或六天見不到任何人。[18]通常人想要的很簡單，不外是希望有人作伴。在我們結束工作，趕忙離開之際，往往看見老人家一臉失望，想多聊幾句也沒辦法。照護員總是一心趕上時間，匆匆來去，留在原處失落的總是客戶。說起來，這正是他們的身分——客戶，雙方之間本就是冷冰冰的交易關係，他們是客戶，你也只不過是公司業務的執行人而已。

死亡的鬼影也在背景幢幢飄蕩，如暗影尾隨。總有些老人家討人喜歡，讓你忍不住和他們交好起來，願意每天去看他們，有時候雙方關係還維持多年。某一天，你上門進行例行探訪，門牌上熟悉的名字卻消失不見，只剩一方空白。死亡不過就是一張紙，看過了，日子還是要過。

這工作各方面都充滿匆促，自然會招來重大風險。有好幾次，我都撞見藥物管理紀錄的表單欄位留白未填，可是我們明明已經給客戶服藥過了。如果用藥不慎，可能引起中毒，比如今天已經吃過藥了，稍晚又有照護員探訪時，看見沒有服藥紀錄，便又給客戶用藥，導致對方服藥過量。前面提到的同事海柔，在電話上告訴我，說公司曾派她去照顧一名客戶：「之前已經吃錯藥好多次，沒中毒還真是奇蹟。」

在海柔看來，這類疏失一部分是照護員的語言能力不足所致：「因為很多照護員的英文不夠好，看不懂客戶吃的是什麼藥，也搞不清楚什麼時候應該吃，就出錯了。」

照護產業中，東歐移工所佔的比例正逐日提升。他們大多和英國照護員一樣，富有同情心，也認真盡責。但如同在亞馬遜倉庫的情形，和英國本地出身的照護員交流後，就知道照護服務公司很清楚東歐移工的處境，牢牢抓住他們的弱點，讓他們心生畏懼，進而展現本地人無法比擬的順從。同時，本地人也倍感威脅，怕被乖順的東歐工人取代，怕缺錢，於是不論管理階層要求什麼，都甘願忍受。根據其他公司的照護員所言，這樣的威脅感始終存在，有時公司還會表面上說好聽話，意思是希望你乖乖吞下去——一切期待，盡在不言中。

「我覺得，態度這種事……不想做的話，就走人吧，因為我們還有十個外勞可以補上，人家可是很樂意呢。」海柔這麼說。

海柔自己也是移民，最初是從瑞士來的外籍勞工。她告訴我，她「對外勞沒有意見，因為很多人都是好人」。但前述那些失誤也不斷出現在客戶的照護紀錄中，不禁令她擔心。

「你想想……有些外籍照護員連食材上的標示都看不懂，哪知道怎麼正確料理。我對外勞沒意見，但他們實在應該先拿到個什麼文憑或通過英文檢定之類，至少證明他們英文夠好，會基本的讀寫吧……我在瑞士也是這樣，我法文還可以，但要用在工作，還差得遠……如果要用法文寫紀錄，我會覺得怪怪的，不太敢寫這種有法律效力的文件。」

的確，藥物管理紀錄表會產生法律效力：不論醫療事件調查程序，或法院審判案件，這類紀錄表都能成為呈堂證供。有份二〇一二年的研究，調查了英格蘭各地的護理機構，結果發現90％居住其中的照護對象，至少遇過一次錯誤給藥的情形。[19]

如果能先提供外籍照護員英文進修課程，或許情況會改善許多，然而在二〇一〇至二〇一五年間，政府大砍了「其他語言母語人士之英文能力」相關計畫預算。於是，二〇一〇至二〇一六年間，參與課程的人數從近十八萬人降至十萬人左右。[20]此外，若在某些照護公司，就算檢舉不當對待或用藥錯誤事件，也不保證會有人好好處理問題。

「如果去填事件或意外報告表……他們就想辦法把你請走。」海柔提到某家她之前待過的公司，便這麼說。「先把所有最爛最難搞的案子都塞給你，等你受不了，自己就會走人。」

除了提高工作難度，公司也可能縮減你的工作時數，砍到你沒錢吃飯為止，說來這便是零工時合約的好處，因為原本就不保障最低工時。根本不必動用解雇的手段，只要把搗蛋鬼晾在一旁就好。

除了待遇，照護員的工作還有一點讓人很難習慣，就是有時上門拜訪客戶，對方的家裡會飄出一陣陣令人反胃的臭味。這樣寫出來似乎很不堪，但面對臭味確實是我最大的挑戰。每個人都會有難過的一關，我的障礙就是受不了臭味。「嚼點特強薄荷糖吧，這玩意最能蓋住穢物的味道。」海柔給了我一個務實的建議。有些人完全沒有我這種敏感多慮，可以面不改色地做好工作，真讓人肅然起敬。很多事我做起來很困難，勉強才能應付過來，別人卻能毫無怨言地欣然接受，可是無論完成再難的任務，都只能賺到微薄的報酬。像照護工作這類的公共服務，再也沒有榮譽感可言，很多時候，連別人的尊重都得不到。

「我照顧過一位女士，很討人喜歡，我也很喜歡她……她以前是植物學家，有腸脫垂的問題。」海柔描述起一位客戶的狀況。

如果大腸尾端有部分脫落到肛門以外，就產生脫垂的問題，通常在排便時發生。在有經驗的專業照護人員看來，這是很常見的問題，沒什麼好大驚小怪，對新手來說，卻是震驚且難堪的體驗。

「第一次和她見面就是到她家，當時她剛好因為腸脫垂困在廁所。我只好過去亂塞一通，然後找人幫忙。我打電話回公司說：『我沒辦法再去做後面的採訪。』前來支援的人很習慣這種事，還語氣輕鬆地說：『哦，又來了嗎？』我五十二歲了，還算見過世面，但我比較……還是比客戶年輕……那時候只覺得快嚇死。」

紐卡斯爾來的居家照護員羅雪兒[21]，之前在英國某大型照護公司工作，該公司和英國照護的運作模式差不多。羅雪兒當時採十四休二的工作模式，每天早上七點半上班，晚上十點下班。

「我通常一星期至少工作六十個小時……剛開始，我就連續上班九個星期，完全沒休假，如果跟公司抗議，他們就縮減你的時數。」她無奈地描述。

羅雪兒說她認識一個女孩子，「做二十四小時全日班，一天只拿六十二鎊」。聽起來不多，是因為照護員就算留宿在照護對象家，計費也會扣除睡覺時間，其他時數再用單一費率計算，全部時數的費用總計，反而不到工作二十四個小時應得的最低工資。

羅雪兒也認為，過勞的班表不僅影響照護員，也影響照護對象。

「我覺得，照護員的勞動條件會直接影響照護品質。一方面拿不到國家訂的最低工資，不計通勤時間，要在十五到二十分鐘內隨傳隨到，每次去拜訪客戶都急急忙忙，一方面又沒有必備的知識和技能，沒辦法處理特殊狀況，因為你直接被丟進去，很多事都靠自己摸索。」

除了實領工資不足最低時薪，往返各處的汽油錢，也是一種成本。英國照護對照護員提供加油補助，不過，每天拜訪第一位客戶的路程，不能申請補貼。通常，申請下來的油資補貼，也沒辦法抵銷全部的油費，總得自己吸收一部分。

羅雪兒表示：「如果在能計工時的時數內做完所有工作，比如接到三趟二十二分鐘的訪視，在兩小時內完成，但這三個地方可能各自距離五到十英里，那你這裡的工作還沒做完，就要趕到下一個地方。所以想趕在時數內做完，只能縮短每次探訪時間，可是這樣等於從弱勢的人身上偷時間。實務上，照護機構都鼓勵你這樣做，會跟你說：『哦，你動作快一點不就好了。』」

局外人看來，可能很難理解，為何照護產業的人員流動率如此居高不下。據分析，預估未來二十年內，照護產業就會面臨近百萬人的人力短缺。但一家居家照護業者在二〇一六年進行了一份民調，結果有六成的受訪者表示，他們沒有意願從事居家照護工作，因為某些部分會讓人不快，又太沒尊嚴。

「天啊，」很多客戶一見羅雪兒，便說：「又換人了。上星期有那個誰和誰，今天是你，跟昨天晚上的也不同人。」從產業內部觀察，就能更清楚照護員流動的原因。我總是想早早完成，之前在魯吉利，就算亞馬遜的工作很累人，也還不至於如此不耐。還有，照護員心裡很清楚，如果自己得到的待遇不佳，可能反過來影響那些付錢換取照護的人，心裡便更難受。

「說來就心疼，他們都是可愛的好人，」海柔說：「很樂意和你分享往事，比如怎麼熬過二戰和韓戰的經驗，而且他們都是很聰明又脆弱的人，結果只被當成糞土對待。」

不慎造成產品損毀或運送遲延，感覺比較不痛不癢，因為這不過是揀貨員被壓榨的結果，但管理階層苛待，後果卻得由活生生的人來承擔，感覺可是完全不同，特別是這些人本就脆弱無助，不堪一擊，才需要社會照護服務來扶助。

從照護員的立場來看，我應該慶幸自己至少還有份工作。某天，脫下照護員的藍色制服後，我踏上黑潭的中央街，看了看週遭，便覺得在這種地方，有工作已經算幸運。的確，我們不能確定時數會不會被砍，砍到連一個破房間都租不起，但起碼有工作的時候，就有錢進來，至少還能擁有一點生活的憑靠。

— 9 —

黑潭地區有很高比例的工作都受季節影響，近年的經濟衰退潮又更拉開夏冬淡旺季差距。比起從前的平緩起伏，如今兩相比較，旺季曲線僅有低矮的峰頂，淡季卻陡然下探，墜如深谷。根據鎮上的美髮師艾倫．維德所言[22]，國內經濟好轉後，很多人努力想找到工作，卻又「被雇主嚇得半死」。

「這些人的故事你聽了都不會相信。」艾倫說。

「上星期就有一個，進來的時候看起來都快哭了。他本來去建築工地工作了三個月，想說自己應該做得不錯，不會有問題。結果有一天工地的人突然跟他說：『好了，我們不缺人了，你可以走了。』他就問：『做到哪天？下星期一嗎？』他們說：『不是，反正我們不需要你了，你不要再來了。』就這樣，要炒你魷魚。那個年輕人又問：『為什麼？我做了什麼嗎？』他們只說：『哦，沒有啦，沒怎樣。』連理由都不給的。這個小夥子才二十出頭，難怪一副快哭的樣子。」

這類的例子很多，隨處可得。沿那條人稱「金色步道」，也就是連接鎮上南北碼頭的海濱步道走一趟，不時能看見失業男子來回遊蕩，想賣幾本雜誌賺點錢。他們賣的是《就可笑天地》（Gag Mag），一本三英鎊，經營模式類似《大誌雜誌》（The Big Issue），每賣一本雜誌，販售員就能保留售價一部分作為自身所得。走到出名的主題樂園「歡樂海濱」附近時，我跟一個名叫蓋茲的人買了一本《就可笑天地》，也聊了一會。蓋茲表示，黑潭「夏天和冬天，完全是不同的地方」。

「這裡的人都很辛苦，冬天很長，懂我意思吧，老兄。白天遊客來，會覺得：『哇，這裡真讚，住這裡一定很爽！』哪裡爽，這裡只有零工時的工作啦。」

蓋茲自稱「健談」，而且「有錢賺，做什麼都行」。他很擔心他母親，因為「她想找份全職工作，卻一直沒有著落」。

「我媽只能打工，沒有老闆願意簽全職……現在要找有簽約的全職真的好難好難。人變得像數字一樣，老闆再也不把你當成人力珍惜，更不會像家人相處。我媽本來在馬莎百貨上班，以前他們會照顧員工，理髮也有福利，幾乎什麼都有。現在去其他公司的話，就只是數字、就只是怕麻煩，不是嗎？等你沒利用價值了，就把你踢走，再招新的人……真夠缺德，一群垃圾。」[23]

一九七〇年代，英國經濟低迷不振，遭評為「歐洲病夫」。一九七三年，石油危機引起通貨膨脹率上升，社會上普遍害怕薪資無法跟隨調漲，工會因而群起抗議。柴契爾政府上台後，接下來十年間推動許多政策挽救經濟，一時間卻促成大量失業問題，長期影響則是勞資間的權力轉移。比起七〇年代，當今的英國更加富有，財富的來源卻是建立在特定人群的恐懼上，這群人難以翻身，總是害怕不安，任憑老闆一句話定生死。

高等教育擴張後，很多年輕人才有機會翻身，取得大學文憑——如今出身工人階級的年輕人，能上大學的人數遠比四十或五十年前增加許多。但是，其他人呢？這年頭要白手起家，從基層爬到老闆的位置，可比以前難多了，看看英國的幾家大企業就知道。二〇一四年，富時前350大企業（FTSE 350）的CEO中，在英國境內受教育者，有41%都出身私校體系。[24]

「回到以前——我知道沒辦法啦——但我們可以回想六〇年代，以前不是這樣的。」理髮師傅艾倫這麼說，這話倒很像我在魯吉利工人俱樂部聽到的某些想法。「以前我們有工會，工會可以保護你，但柴契爾上台以後，政府就把工會都弄掉了，什麼權利都沒了。要說權利也還有啦，但是你沒錢保護自己的權利，對不對？告老闆也要有錢才能告，所以做老闆的可高興呢！」

和很多年長一輩的人聊過之後，我發現他們都感覺年輕一代要不是漠不關心，就是毫無鬥志可言。

結識艾倫那天，我出門看房子，好不容易租到一間小如船艙的雅房，位在一幢雙併式房屋裡，從艾倫的理髮沙龍走過去，只有幾條街的距離，房租每周六十英鎊，含其他帳單費用，還算合理。室友是位英國年輕人，名叫史蒂芬，這輩子大部分時間都住在黑潭。他身材削瘦，一頭深棕色短髮，輪廓深邃，氣色看起來不大好，身上常穿著寬鬆的長袖T恤，讓肩骨顯得更加突出。

他年紀和我差不多，但對我想探索的世界見識得更多更廣。史蒂芬做過各式各樣的工作——從商店和工廠值班，到工地和農場的粗工，他都有經驗。幾年前他失業了，便到B&M超市的倉儲當揀貨員。B&M最初在黑潭鎮起家，史蒂芬去應徵當時，旗下員工已約有二萬二千人，目前在英國則設立四座大型物流中心，並有超過五百家分店。[25]每家B&M超市的正面都掛著一面招牌，招牌上是色彩鮮亮的橘藍四射光芒圖案，讓人一看就知道。

B&M崛起的背景，正好反映出時局艱難時，英國大眾追求購物優惠的心態。經歷二〇〇八年金融海嘯與後續衰退後，許多人喜歡到折扣商店購物，只求多省幾個錢，免得生活落入赤字困境。部分專家認為，B&M的急速成長宛若曾在英國各地興盛一時的「烏沃茲」超市（譯註：Woolworths，全盛時期在英國境內擁有超過八百家門市，二〇〇八年宣布破產），是「翻版再現」。英國各地商業區衰退後，一鎊商店與折扣零售業便如雨後春筍般進駐，在烏沃茲收掉最後幾家門市後，只過了一年，便有40％的門市原址出租或賣給折扣商店使用。[26]

搬進新家後，我和史蒂芬相偕到附近酒吧喝一杯。他向我描述在B&M黑潭倉庫工作三年的經驗，更早之前也做過類似的工作，所以頗有心得。

我們來的這家酒吧沒放音樂，但寬敞的開放式空間裡，設置了五部電視，全都轉到天空體育台，新聞正熱烈播報今年足球賽季開打前，明星球員身價千萬鎊的交易新聞。我們倆拿著飲料，走到室外的水泥地庭園，在野餐木椅區找位子坐下。八月天氣陰晴不定，不過這天可算宜人，傍晚七點也仍然暖和。

「那時候，當然是不會高高興興地去上班啦，一天要上班九小時、十小時嘛。但是也不應該整天都怕丟工作。早上六點上班，然後就開始想會不會過半小時就被踢出去？會不會我包兩千個包裹才弄錯一個，公司還不滿意，就叫我滾？」

當初，史蒂芬剛結束一段感情，搬回黑潭來，正想找新工作轉移注意力，聽說B&M進駐黑潭，就跑去應徵職缺。

進倉庫之後，史蒂芬的工作就是拿著訂單，到處走動拿清單上的商品，打包準備送到曼徹斯特、林肯或其他某處的門市。他負責找到東西、裝箱、在箱子正面貼上貼紙，再把箱子放到托盤上，準備出貨。這工作的環境和我在亞馬遜的經驗差不多，都是在大倉庫裡，只不過B&M的倉庫更大，地址竟然跨了兩個郵遞區號。

「那個倉庫以前是機場的飛機棚，從這裡走過去大概五到十分鐘可以到。二戰的時候還是做威靈頓轟炸機的工廠。這倉庫真的很大，超大。」

後來，史蒂芬當上人人稱羨的管理職，據他所說，當主管讓他「成為管理團隊的一分子，可以從不同角度看事情」。

「我發現，每次有人做滿十二個月，就在手冊上提出公司應該跟他們簽約，結果公司就用各式各樣的理由把人踢走，或是跟他們說，已經不缺人了。」

B&M的人員階層組織和亞馬遜很像：穿黃色外套的職位最低，負責揀貨和操作堆高機，橘色外套的則是主管。

「那就是一種區分你我的想法……就算我是主管，也會怕丟工作，擔心公司會不會搬到利物浦，順便整頓人事……我在人資的信箱沒事就躺著一大堆申請表，然後公司會說：『好，找下一批進來。』你是主管，就會看到這個過程，進辦公室會聽到這些，像是：『再補二十個。』上面的人都這樣，整天把員工移來移去。」

而且，和我在亞馬遜的時候一樣，史蒂芬每天上班也要走很多路。

「有一次，我跟同事討論我們每天大概要走多少路，大家都開始猜。有個當過兵的男生就說，他受過軍事訓練，這工作累的程度跟那差不多。下午兩點開始午休，三點之前回到家，坐在沙發上就睡著了，兩個小時就過去了，完全累到不想動。」

史蒂芬也認定，B&M對員工進行的藥物與酒精測試並不是很可靠，可能還淪為公司裁員的一種手段。

「有很多人只是抽點普通的菸草之類，結果公司會說：『好，現在進行隨機藥物測試。』每星期就這樣踢掉十個、十五個員工。他們會說：『好啦，本來就該做這些藥物測試嘛。』拿著名單，名單上是按A到Z排下去……主管們就閉上眼睛，裝出一副『現在開始隨機抽人』，其實早就決定好了。所以有一天，我就開口說：『最好是隨機啦。』如果你們想抓出一個叫艾倫的人，就往名單左上角去選，這個人的名字一定在A字區裡面。如果想抓叫札卡若斯，就往名單右下角找Z開頭的。有時候，那些主管會來找你：『好，現在要做隨機藥物測試，你去幫我們找甲、乙、丙、丁、戊過來。』然後你得跑遍整個倉庫去找這些人。大家通常會躲起來，因為黑潭大部分的人——好啦，可能不是大部分，但很多人——都會偶爾抽點大麻或別的什麼。如果要這麼早出門上班，前一晚又喝多了，就會用這些來提神一下，不然撐不住。」

後來，B&M的一部分員工籌組了工會。原先他們就有此念頭，契機則是有次發現公司內部存在不平等待遇，忍無可忍，便決定採取行動。大家發現，利物浦倉庫的同等職位竟然給薪較高，只因利物浦是都市，便有層級之分。然而，出身利物浦，住在黑潭、到黑潭倉庫工作的員工卻表示，兩地的物價水準差不多，而且從黑潭上公路只要一小時，交通也算便利，因此大家認為薪資差異並不合理，這股不滿最後推動了工會成立。

史蒂芬又提到，其實員工之中也存在「恐懼因素」，總有人有所顧慮。

「尤其是有家庭的人，很多人會怕，所以不敢參加工會……我是說，波蘭人參加的意願最低，拒絕的態度最堅定，真的很抗拒——『不要，我沒興趣，我真的沒興趣。』你看他們真的是很怕，我想也是。」

最後，這個工會的法律效力被承認，黑潭倉庫的勞動環境也有所改善。最重要的工會任務通常也是最無聊的，而優秀的工會領袖則會熱衷於這些看似無聊的事情，比如用來上廁所的休息時間應該多長、管理仲介派遣人力的規則、個別員工應該有多少有薪休息時間等等大小事。如果你身處勞動市場最底層，那麼這些雞蒜皮的小事就很重要，那些鼓吹追求美好烏托邦的死板教條和標語，反而起不了什麼作用，新來主管口中那些難懂的行話，也同樣不會讓你過得更好。

離開酒吧準備回家時，史蒂芬這麼說：「大家要不是歡迎工會，要不就是恨死工會。喜歡的人覺得工會可以對抗惡霸，討厭的人就覺得工會是搗蛋鬼，專門來破壞公司……我記得十七歲的時候，還想過：『哇，我才沒興趣！每星期多付二英鎊給工會幹嘛？』十年、十五年過去了，現在覺得，這點錢很值得，真的值得。」

10

我住中央街，英國照護的幾位客戶正好也住附近，都是些比較棘手的案例，例如等著進勒戒所的酒精成癮者，小氣成性的退休老人家，還有自己把住家環境弄得骯髒不堪的人。中央街地形略微起伏，從前曾被歸類為工人階級區域，但根據本地統計調查資料，我搬到這個區域來的時候，這地段請領失業津貼的人數，約是有全職工作者的兩倍之多[27]，並有一半的兒童出身清寒家庭。[28]

這裡每二百五十個居民中，便有一人持有賣酒執照，也有約半數的人吸菸。

曾有記載描述黑潭為「安康逸樂的絕佳居住地」[29]，如今已風貌不變。接近中午時分，便有一群男子慢慢聚到投注站和酒吧外，有些年紀較大的男性，身上還穿著被蟲蛀過的西裝，寬鬆地垂落在四肢上，看似皺巴巴的舊袋子。某個天氣清朗的夏天早晨，路邊一幢房屋正在拆除，附近街道上也站了一群渾身破爛衣物的人，一邊圍觀，一邊從裝滿罐頭的黑色塑膠袋裡，如飢似渴地掏出飲料喝。圍觀拆除現場，正是這些人的早晨娛樂，免錢又有趣。一旁有個外表飽經風霜的瘦子，背包裡頭塞著一副人工呼吸器，手裡卻拿著一段未熄的菸蒂，急切地想吸出些什麼來。很難想像比這更像連環漫畫的場面，但這恰是如假包換的底層生活寫照。

隨著白日時光漸漸流逝，這群街頭買醉客便會過馬路，移到對面的公車站旁，看起來倒像在等公車，不像一瓶接著一瓶繼續暢飲的模樣。要是一群人之中有誰發現警察的蹤影，他們便迅速衝進附近某條走廊或躲進一旁的巷子，等到警報解除，才小心翼翼重新走回街上。他們總踉蹌地走回公車站，由於壓力不再，便急躁得像彈簧一蹦一跳。「他們很多人酗酒是為了逃避現實。」有個鎮上的警察這麼跟我說。

每星期三到黑潭公立圖書館，就能看到很多人被送到「求職所」，彷彿不乖的孩子要接受矯正。

我的部分受訪者，不分男女，都去上了些數學、英文與資訊技術課程，只求再拿到一紙證明，希望能更容易找到工作，其中還有不少人家裡連電腦都沒有，就算想複習課程所學，也辦不到。

整個圖書館屋齡老舊，但空間寬闊，除了來用電腦的人，還坐著許多退休的老人家，昏昏欲睡待上好幾個小時，等著要翻《每日郵報》，讀讀那些三句不離歐洲的頭條內容。館內不時有人為了搶報紙而起口角，往往帶著小題大作的怒意指責對方：「拜託，傑克，你已經看了半天了，還不夠啊？」在這圖書館內，也有一套長幼尊卑的秩序，最底下的一群人便是鎮上最窮困潦倒的人，每天都在書架間遊走閒蕩，手裡拎著骯髒的手提袋，垂在身後，像一團皺紙。這類人通常喜歡躲在昏暗的角落，找張椅子窩著，屈起腳，作蚱蜢狀。有的人坐著坐著便睡著了，手裡的報紙攤在胸前，隨著呼吸起伏。最後，館員會過來趕人，把他們都趕回街上去，但他們過些時候還會再來，來「二十便士大旅社」盥洗一番。

「就算走進就服中心，也沒人會幫你。」某日一名和我在圖書館外抽菸的三十三歲微胖男這麼說。

「輪到你的時候，他們就跟你說：『哦，我看看，你最好申請一些津貼。』或是『哦，是有個工作，但賺的錢比你拿的津貼還少。那就再見，下星期再來。』……我覺得，他們根本沒差。你進去大概五分鐘而已吧，就是走進去再走出來。根本沒用……他們感覺就只想混日子，才不會認真給你什麼建議……我已經跟他們講了幾百遍，我想拿到英文科的「中等教育普通」證書，他們只會跳針：『那樣很好啊！』……因為他們把你當渣，才不會認真理你。這很難解釋，但從他們看你的方式，還有講話的方式，就看得出他們覺得自己比你了不起之類的。」

到英國照護報到一直到獲派工作為止，我共等了兩星期，在這空窗期，我先到建築工地打了幾次零工。一開始是在我家附近的公車站看到廣告，那是張用膠帶貼住的破紙，紙上用麥克筆潦草寫上徵人訊息：最低工資、現金付款。也許錢不多，至少能幫助我度過這段日子，免得正式工作前就餓死。一打電話過去，對方便叫我上工。隔天早上八點半，我到足球場附近等著，一輛白色廂型車依約前來，車上名叫「密克」的男人看見我，便把車掉過頭，讓我上車。

在工地的工作，就是個勞力活——全身弄得髒兮兮，累得半死，不停挖土，來回推車，有時做做油漆的工作。雖然沒人會注意這工地裡的情形（至少沒人會管待遇是否合理），老闆倒是滿遵守時間表：早上九點開工，下午五點收工，中間午休一小時吃飯。每天都從定點接送開始和結束，整個路程都得擠在那坐起來不太舒服的廂型車，滿車菸味。有時收工後，密克會帶我們去酒吧，請我們喝杯嘶嘶起泡的啤酒。和我一起坐廂型車上班的幾個工人裡，有一個是波蘭人，另外兩個是本地英國人，骨瘦如柴的那個小夥子叫艾登[30]，穿髒了的工作服下，總有一件黑潭足球隊的上衣。艾登正在領失業補助，因為怕就服中心知道他打工超過十六小時，會把補助撤回去，便來這三不管地帶的工地打工。

第二天，我就接到英國照護的電話，要我隔天去公司一趟。隔天早上，密克開著廂型車來接我時，我便告訴他，我不幹了。本以為他會發火，結果他根本不在乎。「沒關係，老兄。」他說，一面不太順手地停靠過來。「早習慣啦，當我沒見過？

起碼你還算有禮貌，會來講一聲。真不懂你幹嘛去顧那些老傢伙，小心哪。」

後來我在工地多做了一天，之後每天早上終於又能好好彎腰、爬樓梯，腳筋不再像棄置大太陽下的橡皮筋一樣緊繃。最後一個下午，我推著一車石塊磚頭要轉彎，不慎轉得太快，鼠蹊部右上方猛地受到一股無以名狀的衝擊。收工後，我火速回家休息，痛楚漸漸平息，等到幾個月後突然捲土重來，讓我痛進了醫院。醫生小心劃開我的肚子，像一般人拆開包裹小角落一樣，往裡面窺探，處理了一番才算解決。

置身事外，你大可以拿出統計數據，暢談黑潭居民的生活方式，直到自己高興為止，但我親眼所見，卻更發人深省。

在黑潭，最容易發覺的一件事就是多數居民體重過重，比例上可能較南方城鎮更多。在我初來乍到暫住的那間滿是蒼蠅的髒旅館外，便可見到許多胖子在附近散步，身上的衣服看起來不像穿上去的，倒像整個人融化之後倒進了衣服裡。是貧窮使他們發胖。布倫菲爾一帶是整個黑潭居民健康狀況最差的區域，黑潭又恰好是全英國整體健康最差的市鎮。鎮上的小飯館外通常掛有牌子，昭告天下此地提供炸物，用一鍋油浸得噴香：油炸、煎炸、熱炒、嫩煎的美食。至於吸菸嘛，在餐廳裡點根菸又沒什麼大不了的。

海濱步道幾個街區外，許多建築物從前都是旅社與民宿，昔日接待前來度假的麵粉廠工人和上班族，如今則改為便宜的出租公寓和套房。原本的屋主大多把房子賣了，或者整個家族紛紛作古，房子便落入所謂「新貴」手中，出租賺錢。附近住的則是窮苦人家和弱勢族群，許多本是外地人，被黑潭貌似繁榮富足的特有歷史氛圍引來。這群窮困的外地人一來，正好稱了房東的心意，因為新住民可以領到房屋津貼，很多房東看上這穩定的收入來源，便高高興興地租給他們。同樣的租屋風氣也出現在其他城鎮。

某個星期六，我去了一趟摩康（Morecambe），一座和黑潭面臨類似經濟困難的臨海小城，靠著海灘美景，從前也是旅遊名勝，如今風光不再，居民也只能依賴不穩定的季節性工作維生。由於近年盛行廉航旅遊，許多人都負擔得起套裝行程，像摩康這樣的小城景點便漸漸門可羅雀。沒有人來度假，旅館越來越難做生意，一一倒閉之後，轉為出租公寓，卻也正是窮人拿著房屋津貼來住下，才保障了房東的收入來源。曾有位在地報社記者接受BBC訪問，便將摩康描述為「附早餐的貧民窟」，專供領社會救濟的人入住。[31]「老碼頭書店」業主維特斯告訴我，摩康鎮二、三十年前面臨衰退的臨界點，當時「要讓旅館和民宿住滿房客，唯一的辦法只有專車接送失業人士來鎮上」。老碼頭是家店內堆得像書窟的書店，位在摩康鎮海邊，面海傲然而立。

「那時候就是這樣。波恩茅斯（Bournemouth）也是，像我們這樣的地方都有同樣的問題。以前，鎮上有兩個生意人會包小巴士去曼徹斯特和伯明罕之類的地方，拉些失業的人和無家可歸的人上車，無家可歸的佔大多數啦……一車滿滿地載回來以後，把這些人塞進他們開的民宿，替房客填好所有表格送出去，政府就會發補助下來，都進了這兩個人的口袋。其中一個之前騎機車，出了很嚴重的車禍撞死了，鎮上沒幾個人替他難過。」

離開黑潭之前，我找了一個頗為酷熱的夏末白日，到鎮上出名的那條海濱步道好好走一走。要不是天氣太熱，否則來個海邊漫步還真不錯。我在海邊涼亭坐下，和一對中年夫婦聊起來，他倆是從蘭開斯特來的，打算進行一日遊。

「以前，蘭開斯特到處都是工作機會，工廠很多。」兩人之中的丈夫邊說著，邊啃著手裡急速融化的蛋捲冰淇淋。

「那裡比黑潭大多了……有很多鐵路工人……但他們都去蘭開斯特……很年輕的時候就去那邊工作，不會有什麼問題。如果在工廠裡好好做，不會有問題。如果輪四班制……一定找得到人肯做。那時候才沒什麼就業問題。」

其實，西北部還是有些需要技術的工作。二〇一四年，製造業在西北部仍提供超過八分之一的工作機會。[32]不過，在黑潭這樣的小鎮，很多人都只能找到不穩定的工作，或者去就服中心報到，面對雪片般的表格文件、官僚的惡意相向和自動播放的語音訊息，宛若一腳踏入卡夫卡筆下的超現實世界，遊走在官僚體制的噩夢中。

也許，你能找到一份社會照護產業的工作，就像我一樣。奈何我無法忍受，不出幾星期，便一心想辭職不幹，像我這樣想的人倒也很多：有47.8％的照護員入行後，不出一年便走人，我只不過是他們其中一個罷了。[33]此外，在我決定放棄時，距離報到當天才不過一個月，而我始終還沒從公司領到任何一毛錢，但我已經累積一些工作時數。我從來沒搞懂原因，打電話去問了幾次，公司每次都只是敷衍——如此這般，所以還沒給你錢，等等的說詞。幾個月後，那些欠款還是一點影子也沒有，黑潭則在香菸、酒精、沙堡與一列列石頭商店中，成了一抹朦朧影像，漸漸縮小褪去。

PART 3

南威爾斯谷地

11

我對威爾斯的印象，總與一位名叫連恩的男性密切相連：他是我的繼祖父，按親屬關係，我應該這麼稱呼他。連恩出身一九四九年新設的市鎮昆布朗（Cwmbran），這座小鎮是專為開發南威爾斯煤礦區而設。在威爾斯語中，「昆布朗」意為「鴉谷」，「威爾斯」則源自古英語中的「wealh」，意為「外地人」。外地人連恩說話也帶著獨特口音，在當年少不更事的我耳裡聽來，恍若美妙樂音，而且總夾雜一堆奇特的修飾語和音調變化。他以外地人的身分成為這個家庭的一分子，而我因大半個童年都與連恩和祖母共度，耳濡目染之下，倒也有幾分像個外地人。

在我的人生中，連恩扮演了兩個角色，一個是父親，代替我素未謀面的生父教養我，另一個則是祖父，因為他老人家在我出生前就過世了。因此，我整個童年時期裡，連恩好比《歡樂》雜誌和玩到磨損的板球棒，始終存在又令人安心。冬寒午後，每當我氣喘嚴重發作，只能裹在一層層被子裡臥床靜養，總是連恩堅持不懈，一定坐在我身旁，朗讀《每日鏡報》的內容給我聽。夏日時光，也是連恩帶我到薩默賽特鄉間，漫步田野風光，還和我說了許多他人生前六十年，在南威爾斯煤礦場做工的大小故事：他會描述自己怎麼和家中兄弟三人從小擠一張床睡覺，又敘述他年紀稍長之後，如何為了出言抗議煤礦場發生的不公不義，而被驕傲自大的工頭動手敲掉頭上軟帽的故事。

連恩一輩子都支持社會主義，很尊敬一九四五年擔任衛生大臣的貝文（Aneurin Bevan），貝文也正是推動國民保健制度設立的一號重要人物。連恩從小就目睹請領失業救濟的排隊人潮是何等絕望，「掙扎」這個詞對他而言，是親眼所見的現實，不是什麼誇大的高談闊論，也不是等到銀行存款水漲船高、生活無虞之後，大可丟棄一旁的空話。

英國這片土地是女王的國家，旗幟上的聯合王國，也是大憲章運動的產物，工會運動的土壤。升斗小民會弓著身子趴在方向盤，在千篇一律的商家停車場上，因為停車不順而發火，卻也正是這樣微不足道的人物，願意把身上最後一根菸分給你，或者你會遇到某個身材乾瘦的退休礦工，邀你上他家喝杯濃茶，暢談過去的美好。

工人在英國的地位起落，就像購物型錄上的廉價商品來去無常。有時，社會上雖會突然湧出一股對「窮人」的寬容善意，認為窮人是一群聖潔之人——這只不過將他們當作舞台布景般的存在，好讓傳統守舊人士心裡好過些——實際上，工人階級對英國經濟發展的貢獻，向來都遭大幅低估，就連那些假裝好心，站出來替藍領階級發聲的人，也未能道出工人的實際貢獻。

我便在秋雨水痕一道道淌在車窗玻璃之際，抵達威爾斯。一進斯萬西，便見一幅熟悉景象：有座體積巨大，外牆漆上灰色與黃色的亞馬遜倉庫，坐落在「亞馬遜道」（Ffordd Amazon）上，這條路是威爾斯政府撥款四百九十萬英鎊，專為亞馬遜開設的。Ffordd是威爾斯語的「路」或「道」，用法比較古舊，大約是想展現亞馬遜的文化敏感度吧，由此可見，如今資本主義也善用各種文化特色來包裝自己，只不過贏者全拿的本質仍舊不變。此「道」的建設經費，來自補貼建造亞馬遜倉庫的「區域重點支援」補助款，共撥款八百八十萬英鎊，意在鼓勵亞馬遜來此設廠，修馬路的款項則是其中最大一筆撥款[1]。

這條路完工後，當年亞馬遜在英國的總銷售額也達四十三億鎊，卻只繳了二百四十萬鎊的稅——還不及當年總收益的0.1%。如同在魯吉利的地位，亞馬遜簡直是當地人好不容易盼來的，自然受到熱烈歡迎。威爾斯官方對其特別禮遇，好推動區域「再生」計畫，志在將昔日工業區改頭換面，畢竟產業供應鏈另一端，販售與消費型態亦有所改變，郊區停車便利的大型零售商場，正扼殺英國各地的市鎮商業區榮景，鬧區街道更形蕭條，的確需要一些刺激來振奮地方經濟。對比柴契爾全力以赴對付工人階級，布萊爾政府的應對方式狀似空洞無力，不僅不打算收服失控的資本主義，反而想設法安撫那些流血流汗推動經濟的人，只提供一劑名為消費主義的緩解藥方。對個人來說，工作上若發生任何問題，或許很難訴諸民主方式解決，但你可以放下煩惱，上街散心，順便給家裡買套三件式沙發組，一部大螢幕電視，手頭緊也不要緊，分期付款就搞定——或者，像一位威爾斯青年對我說的，你大可「靠手遊熊貓泡泡（Panda Pop）裡的獎賞，過夢幻香檳色的生活」。

清晨時分，整個世界還在酣睡時，我駕著福斯老爺車，沿著彎曲道路蜿蜒前進，駛進低谷地區。青綠色的叢生蕨類與幾落屋群之間，隱約可見充斥鋼鐵與煤炭的昔日工業榮景遺跡。鍋爐產出的爐渣堆早已清除，但附近的地貌還偶有幾座廢棄採礦設備點綴，儘管威爾斯最後一座礦坑，已在二〇〇八年永久關閉，礦場遺跡仍留。礦工踩踏靴子，走過沙礫的聲響，再也不復聽聞，但只要閉上眼睛，眼前仍會浮現一群群男人在颳風天走在街上，話聲飄過一幢幢灰泥粉刷的房舍。天空下這些房屋，好像一個個灰色骯髒的牛奶盒，仍舊鑲在長滿樹木的半山腰上。身在這幅景象中，彷彿還能聽見鋼頭靴喀噠踩過柏油路面，聞到蒸汽火車行過的油煙味，感覺到廠房設備運轉引起的震動。

過去有許多美好，可是，一味美化過去也有風險，不僅政治上可能招致負面影響，對於個人生活也有壞處。一處地方或某種運動的輝煌過往，可能會震懾得你躊躇不前，就好像童年某些揮之不去的回憶，將整個人吞沒。溢美之情如狂潮湧來，溫暖又令人心安，以此取信於人，最終淹沒你，直到連現實都屈服，不敵某種幻想中的失樂園，於是你的眼中只有當年的美，再沒有當下的好。不論當前或未來問題的所有解答，都將在挖掘過去榮光並沉溺其中後尋得。

我到威爾斯那天，花了不少力氣在布萊恩彌（Brynmill）找房子，結果運氣還不錯。布萊恩彌在斯萬西市中心西邊約兩英里處，聚集許多學生租屋族，我租到一個租金稍貴的房間——每周一百英鎊，含其他帳單費用——但既然急需安頓之處，花費就只是次要考量。早先，我已到本地一家汽車保險公司「上將」面試一份工作，負責在客服中心替客戶更新保單內容。如果要得到這份工作，就得立刻找到住的地方才行，因為公司急著要居住當地的「地址證明」。儘管我從前做過的任何「專業」工作都未曾要求這類證明，但在上將保險——還有亞馬遜和英國照護——都必須立刻提交這些文件。我只好盡快繳交押金（花的錢比預期的多），也得催銀行快點發下有字天書般的存款聲明，好帶著新的住所地址向公司交差。

布萊恩彌處處都是連排房屋，白色粉刷的外牆顯得有些髒汙，但還可算是富庶的郊區。住在此地，朝八晚五到客服中心上班，很快就會發覺大學城的學生和居民，生活方式和一般都市大有不同。平日晚上，便有些學生公寓傳出派對喧譁聲，直至深夜方休。街上開了一些裝潢簡單的工人小吃店，專賣油膩餐點，隔壁是有機咖啡店，售有切片蛋糕，一片二英鎊——同一條路往下走一小段路，差不多的錢則夠人吃一份全套英式早餐。在一家陳設簡陋的咖啡館，三名高談闊論的學生吵吵嚷嚷走進門，跟店家點了些外帶的油膩早餐捲。他們一面等著餐點，一面悄聲嘲笑店裡「可笑的」工人風格佈置，沒讓老闆聽見。

儘管近來學費調漲，大學生仍是個令人稱羨的身分。上大學的機會，基本上則多半仍在經濟較寬裕的階級手中。相較於財富水準前五分之一的群體，底層五分之一的人口中，上大學的機會減少約40%。[2]相較於家境富裕的同儕，出身背景較清寒的學生更可能中輟，也較難維持優秀的成績。[3]當然，當今許多大學畢業生，不論是要購屋或還清就學期間背下的債務，都不是件容易的事。要不是聽過各種倒楣鬼的故事，你我大概都還以為大學生前途一定比較好，至少總比那些在小鎮做爛工作，含辛茹苦過日子的人好些。

我自己是在諾丁罕上大學，起初去的時候，也對諾丁罕有錯誤的想像，直到某天開始打工才改變看法。我當起「皇家郵政」的郵差，到布洛斯托（Broxtowe）和葛雷戈里路（Gregory Boulevard）等貧困地區送信，在那一帶，家家戶戶都有高利貸問題。我通常在早上十點左右出現，剛好跟在凶神惡煞的討債人後面上門，也難怪應門的人無不脾氣火爆。有些人大白天就灌酒，隔著一排殘破籬笆招呼你，滿心期待地問今天有沒有「帶福利金支票過來」。某個星期六一大早，我到艾斯比（Aspley）送信，看著這一帶面朝環狀馬路的房屋，對比星期六晚上，我時常前去小酌的學生會大樓，可真是天差地遠。

有些人不願離鄉背井上大學，有些人則是早早生養子女，或者為了照顧家裡的長輩等原因而留在家鄉，若想上大學，也就近為先。不過，能上名校總是一種奢侈。名校和普通等級的學校之間的差距，可比一道鴻溝，是英國階級制度在當代的偽裝。背景比較有優勢的孩子，比別人更可能上頂尖大學，窮人家的小孩就算繼續升學，往往也只上得了次一等的大學，或者過去所謂的「多元技術學院」這類學校。縱然我們不斷批評階級造成的差別區隔現象，實際上卻默許這樣的情況繼續發生。要說的話，所謂二流「大學」，只不過是政治菁英為推行菁英教育，所做出的妥協罷了——高等教育普及，不過是種烏托邦式的想法，幻想人人平等，生命中的機會多寡，和雙親成就一點關係也沒有。

進上將保險工作後，我在公司裡碰到不少有大學文憑的同事，大多是技術學院畢業生。二〇一五年，「特許人事與發展協會」（Chartered Institute for Personnel and Development）發表一份報告，指出英國有超過半數的大學畢業生從事無須大學學歷的工作。[4]的確，近幾十年，英國經濟創造出許多低技術需求工作，成長速度也超越高技術需求工作增加的速度。一九九六至二〇〇八年間，英國每十個消失的中度技術需求工作中，有4.5個是被更高技術需求的工作取代，另外5.5個則是替代成更低技術需求的工作。[5]因此，許多大學生本該前景看好，似乎能找到好工作，卻在背著一身債務初出茅廬時，赫然發現「往上爬」的梯子早被踢開，頂端位置早已擠滿名校畢業生。

英國目前發展經濟的策略，似乎打算把年輕人通通送進大學，至於搭不上順風車的人，就給他們學徒制和技藝訓練，將來學以致用。政治人物對於國家創造就業機會的能力，早無信心可言，也就疏於關照，於是我們看到成千上萬的大學生負債累累，鬱鬱寡歡在生產線上作業，或者用相同的話術應付客訴。

可以想見，媒體往往會奚落這些失意的大學畢業生，說他們「眼高手低」，不切實際。幾年前，身價百萬英鎊的名廚奧利佛，也曾批評英國年輕人居然還敢對（一般人眼中沒前途的）工作挑三撿四。比起積極向上的東歐同齡人，奧利佛認為英國青年根本「還在喝奶」。然而，我在厄布威認識的一個年輕勞工卻說：「都拿到學位了，誰會想在客服中心上班？」

應該不會，而且那些整天嚷著工作好累好辛苦的名人和評論人士，八成都不會送自己的孩子進客服中心虛度光陰，想必也不會讓他們到什麼肯特郡沼澤地帶去耙土拔菜。

我在威爾斯找到的這份工作，職稱是「續保顧問」。如果客戶找到保費比本公司便宜的其他汽車保險，我可以決定是否說服對方繼續選擇上將。在整個英國境內，大概有五千座客服中心，共雇用約一百萬人。[6]公司本身則是人稱求職工作的「好選擇」。起碼，好好看一眼《周日泰晤士報》每年公佈的「最佳任職企業」調查結果，就能看到上將保險入榜。自二〇〇一年起，上將連年蟬聯第一，直到二〇一四年跌落第二位為止，多年都名列前茅。

平心而論，公司倒是花了不少力氣營造出一個正向樂觀，而且我敢說算是有趣的工作環境（但有時太重程序細節，有點走火入魔之感）。上將保險的玻璃帷幕大樓位在陶威河邊，一踏入大樓，迎面便襲來一股正向能量與刻意搞怪的味道。「公司會盡己所能，讓大家都過得輕鬆一點。熱愛自己所做的事情，就能做得更好。」上班第一天，有個訓練人員這麼說，大家聽了，紛紛平靜地點頭附和。企業總愛鼓吹進步主義，將成敗化約為簡單原則，潛移默化施加在員工身上。

我自十一月初開始在上將保險工作，按期應該在聖誕節前收到兩份薪水。後來，公司卻通知要改採每月發薪，不再是周薪制，我不免一陣緊張，因為這在基本工資待遇的工作，算是不尋常的做法，當然周薪和月薪各有利弊。

首先，大多的帳單都是每月付一次，若以月收入為基準，扣除房租和暖氣費用等支出，的確比較容易計算收支。可是，如果習慣以日為單位安排生活預算，那麼每七天就能領到一筆薪水，會更方便分配，尤其在瓦斯或電表費用仍採預付方式的情況下。預付這些費用後，手頭就變得吃緊，要是每周都能領薪水，生活費才有著落，許多低收入家庭就是這樣過日子的。不過，領月薪最困擾的一點，還是首次發薪日之前的過渡期，在這段時間，上一份工作存下的錢或求職津貼差不多已見底，卻不得不多忍耐幾天，才有錢可用。要等一星期已經夠糟，如果要等上一整個月，實在負擔沉重，難以忍受，而也正好讓投機分子有機可乘，對這些永遠無法脫貧的獵物下手。

由於就服中心提供的津貼只發放到求職成功為止，獲得工作到真正領薪水之間，總有一段過渡期，這時只能先「賒帳」，靠借款來維持基本生活尊嚴。這類問題的存在，正好助長發薪日貸款（payday loan）業發展，其吸血寄生的模式，好比從前的高利貸業者——尾隨窮人，看準目標，派討債的人前去威逼要脅，榨乾客戶身上最後一點餘錢，發薪日貸款活脫脫就是高利貸的當代化身。

我和本地一戶姓摩根斯的人家聊了聊。摩根斯一家就像典型的低收入戶：摩根斯先生以前是礦工，經年累月吸入煤灰後，得了矽肺病，曾因此領到一筆賠償金，如今他大部分時間都待在正方形的客廳裡，坐在角落靠近瓦斯火爐的一張簡陋扶手椅上，整天低著頭，話也難得說幾句。摩根斯太太則在鎮上的商店兼差。夫婦倆育有一子，四十出頭，正在待業中，偶爾會幫一個專打零工朋友的忙，賺點現金補貼家用。

最近家中的舊電視故障了，小摩根斯便向租購業者買了部新電視。許多人由於負債較多，信用不佳，無法再向銀行貸款購買高價家具家電，租購業者便看準市場，以高價賣沙發、電視和音響給這類顧客。二〇一六年，便有超過四十萬戶家庭曾向租購業者購物，自二〇〇八年以來，更已成長131%。[7]實際上，許多人用租購的方式購物後，往往又發覺不對，回過神來已經扛下高額利息，可能還付了一筆額外保證金，進退維谷，只能繼續乖乖付錢。

摩根斯先生幾乎成天無事可做，據他太太說就是「看新聞和橄欖球」，因此家裡不能沒有電視。兒子買回來的新電視，市價約一百五十英鎊，但透過租購方式，這家人大概得付上四百鎊，才能還清欠款。

光是錢的問題就已經很不幸了，結果卻是禍不單行，因為這部新電視有個瑕疵：一打開電源，畫面便閃爍不止。摩根斯一家聯絡了換購公司，對方答應派人來檢查，結果等了半天都不見人影。我登門造訪的那天傍晚，大夥打算一起喝茶，便在這部大電視前坐下，只見BBC晚間新聞的畫面猛烈閃爍個不停。臨走時，我發現自己簡直看成了鬥雞眼，而這家人可是付了整整四百鎊買這玩意！換購商店每周都會提醒他們要準時付款，本地分公司的職員定期來電，不斷重申這是件多麼重要的事，否則就會在已經過高的利息上，再加一筆「延遲罰款」。

摩根斯一家的無助，是整個故事最令人心驚之所在，什麼電視機的瑕疵都是小問題，只是恰好說明許多受訪者都面臨困境。不管是遇到少付工資的人力仲介也好，被就服中心敷衍也罷，或者讓換購商店哄得團團轉，這些讓人筋疲力盡的「小蝦米對抗大鯨魚」戲碼不斷上演。身為窮人只能接受，當作生活中的一部分，就像商店架上有麵包和牛奶，只是尋常事。

摩根斯太太也憂心忡忡，更擔心房子住起來不夠安全。「這屋子裡要弄得和監獄一樣，因為你不知道來的是誰，所以要確定待在家裡夠安全。」她一面費力走下狹窄的階梯，一面對我說。她帶著一箱聖誕節飾品，打算用來佈置窗邊的塑膠聖誕樹。

「我外甥幫我們立了一道籬笆，從房子最後面圍到和隔壁鄰居中間的牆，上面都鋪了鐵釘。真不賴，從沒弄過這麼好的東西。不過，感謝老天，我倒還沒在院子裡遇到過什麼壞人。從來沒有。」

在上將保險上班三星期後，我終於領到第一份薪水，卻還不是全部的月薪，因為我也只工作了三周，得等到聖誕節前，才能拿到全額——也就是在這份工作滿兩個月時，才能拿到第一個月的全部薪水。如果不和父母或伴侶同住，就沒人能借錢應急，實在難以想像要如何撐過這段時間，從十一月初到十二月中，只用手上那一點現金過日子。

在上將保險，公司提供員工持股與分紅制度，每半年配息一次，讓小勞工除了領底薪衝業績，還能對積聚財富抱有一線期望。「如果你替公司賺進利潤，也會讓手上的股票價值大增。」訓練人員這麼鼓勵我們。不過，員工也得受雇滿三年，才能分配股息，當然很多人根本待不滿這麼長的時間。上將保險每年的平均人員流動率是19%，高於英國全國水準的15%。我猜大多數人，包括那些打定主意要久待的人，終究會更喜歡高一點的底薪，而不是什麼辦公室常備的糖果點心、公司派對和股利分紅，況且拿不拿得到配息，都還是以後的事，結果很難說。後來，也曾任職客服中心的某聯合工會代表告訴我，很多公司都會「花招百出，盡可能少給薪水，讓員工實際上只領得到最低工資」。

在上將保險，客服人員每天早上八點開始上班，下午五點下班，中午有一小時可以吃午餐，頭尾是各十五分鐘的休息，工時比許多類似性質的工作都還要長。荷蘭作家雷夫（Gerard Reve）在小說《黃昏》（De avonden）中，描寫性好嘲諷的青年艾特何，如何過著過勞傷身的辦公室生活：「我在辦公室裡上班。我從檔案裡拿出卡片，又放回去，就這樣。」我這份工作可說和艾特何的相去不遠：接電話，講電話，掛電話。每天早上六點半起床，沖個澡，吃點穀片當早餐，換好衣服，八點前要進公司。或者，大部分時間我這麼度過：上班第二個星期，就因為遲到被狠狠罵了一頓，兩個訓練人員把我叫進一旁的小房間，來點所謂的小小警告。諷刺的是，因為怕被罵，反而提供我準時進辦公室的動力，然後整天坐在同一個地方。這工作超級無聊，可以和以前學校裡最討厭的幾門課比爛了，但我現在反而覺得上課還好些，至少不必為了別人的盈餘利潤賣命。

職前訓練期間，每天我都得坐進教室，待在同一個座位上，面前擺著電腦，整整七個小時。公司教我們怎麼使用客戶資料庫，發下各種應對客戶的腳本，讓我們背熟，也解釋各種賣保險的相關法規細節。有時，他們會帶我們進客服中心，一開始先聽別人在電話上怎麼應對，過了幾星期，改成兩人一組練習，最後階段才讓我們實地演練，真正接觸客戶。

上將保險的客服中心又大又吵雜，有幾百張輕隔板分隔的座位，白板也很多，一眼望去，像是道路號誌一樣處處都有。每個位子都備有應對腳本貼在隔板上，也各自帶有座位主人的個人氣息，比如孩子或配偶的照片。整個辦公室點綴了許多甜美可愛的花邊裝飾，就是那種通常只會出現在花園中央的玩意，或者聖誕節才去的「怪怪的」的紀念品店裡也看得到。

「保持冷靜，喝點氣泡酒」、「夢想它、實踐它、愛上它」、「愛即所需」等等一言以蔽之，不加思考的勵志小語，如雞尾酒混搭了各種正能量論調，近幾年可說是宛若傳染病風靡於世，不免成為一種緩和劑，直攻腦中的某部分，免除你的苦痛。

的確，「人生就是坨屎，不如喝醉更快活」作為座右銘還不算太壞，但如果受制於人，是別人決定放多少錢進你的口袋，喝不喝得起酒，都得看人臉色，那麼抱著這種生活態度，可就不是什麼好事。上面這些精神喊話，都是以解放之名，讓人放棄思考，用溫馨的方式帶你退回宿命論的小島上，讓你忘記，其實現在的你更需要和世界緊密連結，才能找到真正的出路。

在這客服中心裡，公司也會激勵員工賣力投入，只不過方式是透過公司主導的「趣味遊戲」和「主題日」來進行，每次活動時，還鼓勵員工穿著奇裝異服進辦公室。比如，某個星期五下午，公司宣佈今天剩下的時間要舉行「趣味活動」，客服中心所有人都要參加。然後，我們每五或六個人一組，每次一組上場表演五分鐘短劇，其餘的人就站著圍觀，一邊唱古怪的歌曲伴奏（與其說是歌，還不如說是催眠咒）。短劇主題都和公司有關，主管會發劇本，照著演就行了。就算趣味活動讓我們有機會離開辦公桌，我也不想把這稱作什麼愉快的經驗，況且那些歌還有幾分神似獨裁國家頌揚暴君的歌曲。

幸好我不孤單，這場鬧劇不只有我覺得厭煩——事實上，在費時兩小時的過程中，大多數同事間都表現出消極、只等一切結束的態度。整場活動呈現出十分特定的「參與」形式，沒有太多自由發揮空間，不論有意推行還是無心為之，彷彿都是企圖掩蓋真相，讓我們忘記現實，忘記自己其實根本沒有機會參與公司經營決策。也許略有不同，但我們幾乎都成了那種會任由獨裁政權擺佈的群眾，以低劣手段動員，專車接送到市區廣場，負責微笑、揮小旗子和唱歌，讚揚大善人的偉大與智慧。

客服中心的主管很有一手，懂得如何有效說服員工接受他們的看法，而且儘管公司不斷壓榨員工，大家還是吃這一套。在這裡人人有機會靠業績分到豐厚獎金，這機會便成為眼前吊人胃口的胡蘿蔔，也成為認真推銷保單的誘因。在上將保險工作，超出底薪的部分能賺多少，預期數額向來起伏不定，端看電話另一端的客戶是誰。「有個男的讓我一個月賺進一千四百鎊。」訓練期間，我獲派去聽一個年輕同事和客戶通話，他便這樣說。不過，我想大多數人工作順利的時候，在底薪之上，每個月大概只多賺二百到四百鎊左右。另外，據公司所說，個別員工每年可得的「平均獎金」是三千英鎊，算起來就是每月得到額外的稅前收入二百五十鎊。所謂「表現好」，指的則是留住打電話來的客戶，說服他們別退掉保單。每一區的員工都歸入同一個「團隊」，個別團隊之間處於競爭關係，比賽誰能留住最多客戶。

一切機制簡單明瞭，卻仍讓人心裡不安，感覺要是達不到目標，那個外表歡樂的面具就會脫落，現出底下資本主義的冷硬心腸。訓練人員還提醒過，時時刻刻都有「老大哥的眼睛」牢牢盯著我們：「樓下就有三架攝影機。」[8]他不懷好意故做沉思狀，以手示意一樓的方向。

這工作最糟的一點，也是多數同性質工作的最大缺點，就是無聊，如假包換的沉悶。你得坐在同一張旋轉椅上，從早上八點到下午五點，不停接電話，應對不滿保費的客戶（這部分還在意料之中）。不論時間長短，就算是最心平氣和的人，面對這份工作也會變得尖酸刻薄又厭世。我只能帶著微薄薪水回家，心情難免苦悶，所以就靠公司提供的甜食、巧克力和各種福利撫慰心靈吧——健身房優惠、員工持股分紅，年底還有跨年派對，免費提供酒吧服務，同時請來B咖藝人表演，振奮大夥的精神。只不過，這些東西都不能替我們付房租就是了。至於三年後可能會分到的持股配息，金額多寡也端看股票本身價值，光憑我棉薄之力，實在影響有限。

另一方面，這些同事對任何政治議題的態度，也是不屑一顧。「政府就愛加稅，拿去付那些有的沒的。」第一周上班時，便聽到有同事這樣說。「我不想去吵這個，因為不值得。」後來，他又聳聳肩說了這話。政治給其他人管就好，和我們這種人沒關係，那是另一個世界。

另一名同事則問，現在的首相是不是「那個女議員」。如果你主動關心國家事務，其他人還會把你當怪人看，政治只是會影響你的東西，不該是你真正的興趣。政策決定是一部分人做的，你只能把「他們」之間的爭論都當耳邊風——政治人物、國稅局、房東、六點晚間新聞的男女主播、寄電信費帳單給你的公司，還有那些總出現在地方議會和社區守望相助隊——他們都和你無關。政治人物是為了自身利益才關心政治，如果不是為了自己，更是個壞兆頭，表示他們可能是狂熱分子，危害更大。上將保險如此竭心盡力把工作變得有趣，正是要讓公司看起來和員工站在同一陣線，「我們」是同甘共苦，才不是「他們」那些自私自利的人呢。

13

現今，高薪專業工作正受自動化潮流威脅，媒體開始討論所謂的「後工作」（post-work）世界，但英國某些地方，早就有幾分肖似「後工作」世界的模樣。沒錯，有時谷區（譯註：即威爾斯低谷地區）看來還真像自動化的未來世界——處處都沒工作機會。如果能多放些錢進大家的口袋，自然是好，但要說有錢就能解決就業機會流失後，產生的大量問題，這裡可沒幾個人會相信。旅程中，我認識了一位七十二歲的「閃電」先生[9]，他前後曾在四家國營礦場與十八處私營礦坑工作了四十多年。閃電先生身材矮小結實，生得一張和善的面孔，灰白八字鬍和緊閉的雙唇上，掛著兩道深邃法令紋。他將頭髮理短，雙眼透出聰慧又銳利的目光，眼珠顏色和髮色相同。閃電先生的雙手帶有礦工常見的印記——煤灰長期滲進皮膚中，留下藍色疤痕，像是待在海灘一整天，沙子鑲在皮膚上的樣子。閃電先生第一次進地下挖礦，年方十五歲時。

「我們都想去挖……自願到地下挖礦，還有巴士會來接我們，只要上車，就能到礦坑工作賺錢。」

當年，進地底挖礦的時候，會有比較年長的礦工帶領——也可以叫「監工」。監工會訓練你，避免你帶第一份薪水回家給母親前，就丟掉自己的小命。剛開始，閃電共事過的一些監工是退伍軍人，二戰期間都曾被軟禁在緬甸叢林中，在坑口的澡間沖背時，還能看見他們背上紅色的疤痕，正是當年被日軍揮刀砍傷所留下的。

「這裡很適合二戰英雄。結果他們進坑道工作，跟被搶劫沒兩樣。是政府搶的，每次都是政府。」

我在「南威爾斯礦工博物館」初見閃電，那時他正坐在迂迴彎曲的馬路與阿凡谷的陡坡之間，這個山谷的每座山丘都圍著松木、橡樹和美國西川雲杉。博物館附設一家光線明亮的訪客咖啡館，我們便在此比鄰而坐，喝茶聊天。

「我來這裡，是因為喜歡以前的日子。我認識很多進礦坑工作過的小夥子——好吧，這些朋友大部分都死了，但有些還在的，還會喝酒，其中也有一、兩個人整天躲在家裡，沒機會碰到他們。他們連洗澡都不洗，什麼都不做，太太也都死了，只剩自己一個人。」

我們窩在柔軟的椅子裡，同時一旁年輕的女服務生忙進忙出，收空杯又清理桌面。閃電身穿一件苔綠色針織衫，傾身向前，從回憶中挖掘出片段資訊，再以輕柔的喉音娓娓道來。他本名艾倫．普萊斯，年少時得到綽號，從此大家都叫他閃電。

先前，我在布來納文的「大礦坑國家煤礦業博物館」就曾參觀過地下坑道，那時有五個人，短暫從三百英尺深的豎井往下走，進入漆黑又滲水的巨大洞穴，重溫昔日礦工的日常通勤方式。關掉安全帽上的燈之後，便感覺完全陷入黑暗之中，連面前自己伸出的兩根手指頭都看不見，呼吸起來還有股逼近窒息的感覺。當然，往下到保存為資產的老礦坑悠閒參觀，算不了什麼，以前的礦工可是得大半夜拖著身子，乘坐骯髒的起降機下到丘底下，進坑道採煤，好供給地面上的人夜晚生火安睡。比起當年採礦辛勞，我們這一趟體驗比較像參觀主題樂園——只不過是認真參觀，算是有意義的活動，不只是開開心心體驗一下。

「我一九五九年開始挖礦，那時坑道有八百碼深……下去的時候都是每秒二十二公尺的速度，就這樣往下掉……『咻』的……五臟六腑都翻上來了。」閃電先生淘氣地露齒而笑，述說他第一天到地底下時，整個人如何神經崩潰。那天，他戴了頂尺寸不合的安全帽，腰間緊緊繫上一條腰帶，三明治則塞進錫製餐盒，免得被蟲咬。等同行的一個人打出信號，升降機便迅速下降，衝進滿是霉味和惡臭的漆黑礦坑之中。

「那時很興奮，反倒不怎麼怕。我想，其實那時只是虛張聲勢啦……我們就一直往下，看著對方，不知道接下來會怎樣，也不知道升降機會不會整個往下摔，或者要用跳傘降落之類。」

一抵達礦工平常幹活的地方，也就是所謂「一英里深，一英里半深，兩英里深」之處，沿著一條漆黑又狹窄的坑道通往礦層所在地，礦工就在此埋頭苦幹。工作中不免有岩塊墜落，或頭頂時有突出嚇人的金屬架，為免受傷，他們不時得彎腰閃避。裁切煤炭的機器上，尖牙狀齒輪暴力地將山腰土石撕扯下來，刨落黑色岩石碎片，激起陣陣汙濁又閃動光彩的塵土雲霧，足可侵入你周身毛細孔中。下了班，礦工回家時往往一張臉已燻得焦黑，滿肺髒東西，妻子們總怒氣沖沖，想清除丈夫帶進家門的粒粒塵土髒汙，但總是徒勞無功。這些灰塵粒子，最終都會進到礦工的氣管內，淤塞在胸口，彷彿形成河川裡的一片三角洲。察覺異物入侵，身體的免疫系統自會發起攻擊，也引起肺部發炎，久而久之便纖維化，經年累月下來，人便病倒了，連氣都喘不過來。在閃電結束地底採礦生涯後，他已喪失30%的肺部功能，到了二〇一四年，只剩30%的肺仍屬健康。

「這東西就這麼牢牢黏在你的肺上面，一直都在，越長越大……」

閃電會對博物館的遊客自嘲：「我已經叮嚀他們一定要讓我火葬，到時候我可以燒一整天。現在一噸重的煤炭應該價值一百三十多英鎊吧，大家說的黑金。其實他們可以把我放著就好，我的遺體應該夠燒個三天。」

在許多敘事中，礦工的生活常常經過美化，讓人產生不切實際的誤會，但現實中，很少有礦工希望自己的兒女再到地底下討生活。以前，他們一天得在底下待十二個小時，礦場國營化之前，常常還得根據挖出的煤礦產量來計算工資。十九世紀時，礦工不是領現金，而是拿到一堆代幣，只能在「換物商店」換取物資，這些商店往往也是礦場老闆經營的，商品標價比起地方市場上自是高上不少。

除了物質生活，死亡的陰影也總徘徊在地下坑道與礦井中。我在亞馬遜倉庫工作，或在黑潭拜訪年長客戶時，職災死亡的可能性微乎其微。相比之下，礦坑裡可算是意外頻傳，經常死人。

我在魯吉利時，一位退休礦工告訴我，當地附近的一個礦坑，曾在十八個月內先後發生意外，先是一名男子被拽進滾輪輸送機，後來又有另一名男子遭脫軌貨車撞上，最後，兩人都小命不保。英國礦業史上，最慘烈的礦災則當屬一九一三年森罕尼德（Senghenydd）礦場的爆炸意外，共四百三十九名成年與未成年男性喪生，當地近乎滅村。那場意外正是典型的私有業主過失——礦工替業主採礦掙錢，業主卻罔顧他們的安全，疏於防備，最終釀下大禍。

早在該意外的十二年前，森罕尼德礦場便曾發生一場爆炸事件，是因空中飄散的煤灰所引起，造成八十二人喪生，卻從來沒有人提議對事故原因進行調查。一九一三年爆炸事件後，礦場經理被追究了過失責任，卻僅罰鍰二十四英鎊——相當於現在的二千五百英鎊。換句話說，在彼時當權者眼中，每位喪生礦工的性命，只有5.5便士的價值。[10]

「地上有很多洞，我走進去過，裡面的老鼠都吃力地想爬出來，可以想像啦……很缺氧，就帶黑色的氧氣袋，用這呼吸。」閃電告訴我。

我訪談過的大多數礦工都說，這樣的環境條件在私營礦坑更常見，就算經過國營化，私營業主也還是口袋賺飽飽。我在布來納文參觀礦坑時，認識一位前退休礦工阿榮，根據他的說法，他九〇年代還在挖礦時，工作的那座私營礦場經理還會在地下抽菸，根本不管身邊全是會爆炸的有毒氣體。

「我在國家煤礦局工作的時候，每個月稽查員都會來一次，如果他覺得哪裡不對，會說：『我給你們一星期改善，如果下星期來還看到一樣的狀況，就讓你們關門。』所以那裡一切都跟上最新法規，你知道我在說什麼吧？我在私人礦坑做過三年，稽查員也才來過兩次。」然而國家煤礦局也可能像私人業主一樣，搞砸問題或無能處理：一九六六年，阿貝凡（Aberfan）發生嚴重死傷事件，起因正是國家煤礦局的嚴重疏失，未能移除堆滿危險物質的煤渣山，才造成三十六萬噸黑泥漿傾瀉流下，沖進山下一座農場、多戶房舍與當地的中學，一共活埋一百一十六名孩童與二十八名成人。

慘劇事發後，國家煤礦局仍拒絕將煤渣山清除乾淨，最終在阿貝凡當地居民施壓下，威爾遜政府才決定進行清理，費用則從災難復原基金提撥。

一九九〇年二月二日，閃電在艾凡谷一處小礦坑「凱芬．毛爾2號」和另外三人一起工作，一到場就開始幹活，到了中午，已經填滿十三「卓拇」的礦，卓拇指的就是把煤運送到礦坑外的推車。中途，他們回到地面上喝茶，休息二十分鐘，打算之後再回去繼續工作。喝完茶，其中兩人返回原本的採礦地點，閃電則和另一名礦工泰瑞同行，負責往新的開採方向挖洞，好鑿出礦層表面的新區塊。

「然後，呼一聲，我感覺背後有股空氣過來。」閃電說：「上面塌下來了……我聽見有人喊：『閃電，閃電，閃電啊。』」

閃電和泰瑞便爬進一個洞裡，找到其中一名夥伴大衛，他正痛得大叫。有塊大石頭從坑道頂部砸落，劃破大衛的皮膚，再不偏不倚砸到雷蒙身上。

「他的頭剛好露出來，身體其他部分全都壓在石塊下面。所以我叫這個年輕人弄一段鐵軌來，這樣我就能把石頭撬起來，把他拉出來。」

可是，那塊石頭實在太重了。

「頂部開始塌下來，我只好彎腰擋在他身上掩護他……他最後還是死了。」

這是艾凡谷最後一座礦坑，雷蒙則是最後一名在此喪生的礦工。之後，閃電還得去見雷蒙心急如焚的母親，告知噩耗。

「他是獨子……她年紀也大了……太傷心了，不是嗎？」

隔天早上，閃電又去礦坑，在礦坑入口安了塊紀念板。每年一到雷蒙的忌日，他便重訪事故地點，並帶上一束鮮花致意。後來，他開始到礦工博物館當義工，也把那面紀念板帶來，如今帶訪客參觀時，便會給他們看紀念板。

不過，好景不常，煤炭的黃金時代漸漸遠去。自北海石油與天然氣等更便宜的燃料興起後，煤礦業便走向衰落，從此榮景不再。另一方面，國內鐵路能源需求從蒸氣轉向了柴油與電力，中央空調系統也發展出現代化設計，對煤炭需求亦日漸萎縮。最後，英國也開始從工會力量較弱的國家進口煤炭，這些國家往往不介意使用童工到地底下挖礦，業主更僅支付微薄工資，因此進口煤炭的成本較低，英國自產的煤炭自然處於競爭劣勢。

「哥倫比亞礦災的時候，還拖出不少九歲童工的屍體哩。」我向閃電請教煤礦產業的災害傷亡人數，他便淡淡地說了這話。

煤礦業勞動力雖在八〇年代大幅縮減，政府官員仍非常清楚，煤礦業大部分工作機會都集中在十多個地區，若驟然關閉所有礦坑，恐將危及地方社群存亡。因此，礦坑歇業潮一方面引起了大規模失業潮，另一方面也被柴契爾政府視為削弱工會力量的手段，尤其是作為報復「全國礦工工會」的利器，因為該組織在政治上頗有影響力，間接導致前任保守黨政府下台，保守黨重新執政後，自將其列為打擊目標。

之後，在一九八四至一九八五年間的罷工行動中，英國媒體齊聲對礦工大肆開罵。

礦工在媒體的形象一夕驟變，從「這世上的一等人，能擊退威廉二世（Kaiser）和希特勒的軍隊，還具備永不服輸的氣魄」[11]，成了「毫無人性的傢伙」[12]。

「我當時在艾伯瑞凡（Aberavon）……我們和一個警察聊天，過程中雙方都滿友好的。」閃電說：「我心想：『這人還不錯。』過了一小時，我又看到他，正在打一個糾察隊員，狠狠地打，對方整個人倒在地上了，照樣棍棒伺候。之後我再也不相信警方，上一分鐘還跟我們有說有笑，下一分鐘就把一個小夥子揍爛在地。」

根據閃電所說，南威爾斯的礦工原先投票決議繼續工作，但參與罷工的肯特礦工捐款資助，並說服南威爾斯人加入罷工。

「有個星期一早上，我到礦場去，看到有些肯特來的年輕人站在罷工的糾察線那裡。我們像這樣看看彼此，然後他們有個人，就這樣，不會跨過那條線……我們決定挺他們。我們不會跨過那條線，我們要罷工。」

不久，閃電便發現自己參與了「前所未見的驚人罷工行動」，至少當地報紙是這樣形容。他和一百名男性同伴爬上了托巴特港一座三百英尺高的起重機，阻止三十萬噸美國煤炭卸貨，阻止本地煉鋼廠繼續生產，削弱罷工影響。[13]

「我開了輛貨車載一些人過去，我們總共有一百零一個人。等對方開始卸貨，我們就往起重機跑過去，所有煉鋼廠的工人都跑開了。我們開始往上爬，還在三座起重機的腳架綁上鐵絲網，就是搞突擊。」

閃電當時身在高處，往下一看，可以看到警方直升機在腳下飛行。後來，全國礦工工會開始為他們介入協商，終於把他和其他同伴勸下來，帶到單人牢房監禁起來，吃頓熱騰騰的飯菜，等警方召喚訊問。他們後來都到斯萬西法院出庭受審，成為史上最多人參與的單一違法行為當事人。

法官後來判處閃電和其他人緩刑，不過閃電仍不放心。

「我當時擔心丟工作。已經做了三十年，如果現在被辭退，他們就不會付我資遣費……但幸好沒怎麼樣……我們有拿到資遣費，之後誰管他的。有些人口袋裡還一次有了三千英鎊，因為我們都是老員工了，資遣費也多。但你也知道，我還寧願有個工作。」

罷工結束後，閃電認定自己受夠了。他知道，時代變了，工人階級的身分意義也開始改變。

「我等不及要走人了。我知道礦場快關了，一切都會不同。到那時都還有老闆以為煤炭是白色的。他們和我們講話的方式也不一樣，我覺得他們根本是外星人。我把那年叫做下流人的一年，他們都是下流的傢伙。跟老一輩的經理不一樣，老經理還會跟我們一起說說笑笑，跟我們說『好了，小夥子』之類的，很多往事……以前我們能夠說笑，有尊嚴，兩邊的人都有，懂吧？」

閃電說，他一向盡力用愉快的態度面對工作。

「工作起來就會輕鬆很多。因為你每天早上都要面對那一大堆煤礦，簡直和噩夢沒兩樣。那就開心點吧，早點習慣……用這樣的態度工作，不然會覺得不值得，只想待在家，不想去上班。我的一天很簡單：在推車裡填滿煤礦，豎好木材，把工作地點弄得安全些。之後，在這個地方工作一整天，這就是最好的方式啦。」

深部挖礦（Deep mining）產業的衰落也許無可避免，但礦業在某些地區可說幾乎一夜衰敗，煤炭市場認定留在當地的人口無法帶來任何潛在利潤，便也不願推動任何新產業加以替代。

「很多年以前，我們谷區這裡只要有不合理的事，女人和小孩都會上街抗議、擋住公車之類的來表達訴求，不久之後就能得到一些回應……現在的年輕人跟我們已經不一樣了。我十四歲的時候，還支持共產主義！」

閃電告訴我，礦坑關閉最壞的影響，一向是失業問題，還有毒品和酗酒問題。「社會問題很多，很多人都病了，很多事都不好，真的很悲哀……我村裡所有人都會跟你說，他們知道有問題，自己卻還是天天都在喝酒……看醫生之前也要來個兩罐……其實很多人都是正經人，有正經家庭、努力工作……」地底工作的時時刻刻都逼近死亡，或許死神就躲藏在下一個凹穴或礦井裡，因此礦工關係都很緊密，如同交錯編織的銅線，互相扶持。我認識的一位前礦工賽爾文強調，要是有機會，他會「明天就回礦坑工作」，因為「大家都緊密相連，不論什麼事都挺彼此。」

在新經濟中，許多工作都能讓人安穩度日——除了中產階級假革命才會指望別人（比如我遇見的這些礦工）把孩子送進山下的坑道，繼續挖礦。不過，現在鎮上許多工作確實景況不佳，無法創造過去那種人際連帶和支持網路，也缺乏穩定感，家家戶戶便都難以安心生活。

賽爾文便說，他外甥本來在附近工廠上班，最近也失業了。他一直在找工作，「每個月過去，每個月又找」。

「有一天，我在外面遇到他，他看起來很興奮。『我找到工作了，賽爾文！』

他這樣說，我就問：『是什麼？』『在B&Q，一星期做十六小時。』但是每次都是早上八點到十二點。他們會打電話叫他去：『來公司吧，今天來上班四小時。』」

最後，閃電告訴我，他每天都還會懷念地下挖礦的生活。「同甘共苦的感情，一起哭一起笑，有傷心難過的時候，難免啦，但還是好日子。真的是很好，很好的兄弟情。不可能有更好的感情了，我是這樣想，因為那時候，你不知道是不是轉個身，自己就突然死了。所以，你會說我們要把握今天，或者活在當下之類。我真的很喜歡那個時候。現在谷區沒了這些人，變得更窮了……教育是最重要的，但還是得有人拿起鏟子來做工……都只會拿筆，就沒人做其他的事了。」

14

經歷產業變遷後，在南威爾斯，可說是昨日鏟土，今日客服。[14]當今，全英國約有超過百萬人在電話客服中心任職，威爾斯便設有超過二百家客服中心，雇用約三萬人，為當地經濟貢獻六億五千萬鎊的經濟效益。[15]

至於曾讓當地社群建立起身分認同的工作，則早已式微，至少大多數都走入歷史，幾乎只剩威爾斯的鋼鐵產業仍在掙扎求生。不過，不環保的勞動產業消失後，倒也有一些正面影響：與數十年前相比，谷區如今已清淨許多。市郊的鄉村地區從前大約就是這般風貌，只不過後來處處立起不停噴氣的煙囪，堆起一座座龐然的髒土丘，好像非得如此表彰工業世界的宏偉萬能不可，如今這些景色不再，原野才又恢復了往昔風貌。許多嚇人又難看的棄土堆，早已移除或整平，河川也恢復清澈潔淨與盎然生機。

除了乾淨之外，在客服中心工作，也比挖礦安全多了。你可以進辦公室上班，坐在桌前，切換到麻木的機器人模式，工作一整天，然後打道回府。你不必再害怕煤礦層隨時會倒塌，面前聳然而立的無聊沉悶感，才是你要戰勝的困境。

其實，要不是薪資微薄，上將保險倒是個可以愉快工作的地方。電話客服中心——或現在同業常自稱的「客戶聯絡中心」——絕不是什麼格子籠牧場，也不符合部分人士貼上的「黑暗罪惡血汗工廠」標籤。我們有一套精心打造，「開心又有趣」的公司文化，雖然也許令人疲憊生厭，總還不算太糟，我可待過比這更糟得多的地方。要論這工作的最大缺點，並非在環境惡劣，而是工作本身不穩定，若細看上將保險傾力表現出的慷慨，反倒可推出這點。

這裡最穩定的員工福利，早已被員工自己一一排除，通常還是透過工會活動造成的。公司有良心，老闆是善人，會給員工撒五彩繽紛的糖果餅乾，如此施捨小恩小惠的企業早已存在多時，和資本主義的歷史差不多長。然而，這跟在好心的獨裁者底下討生活沒什麼不同，小恩小惠說不定哪天就被篡位奪權的新獨裁者給取消。同理，縱然公司現在慷慨提供許多福利，也許哪天為了提高「生產力」，就會一夕全部收回，毫無保障可言。

不過我也懷疑有多少人能抗拒誘惑？大概沒幾個同事會心甘情願拒絕那些甜點、巧克力和派對活動，願意撤掉福利，換取微薄加薪。當然，工作環境舒適是好事，可是，如果能自己站起來排除這些小福利，就能把立場站穩些。之後，就算公司再想剝奪我們什麼，我們也有力量抵抗了。

比起我在上將保險的經歷，當然有其他客服中心的條件更糟。為了吸引客服公司來威爾斯設置據點，不要外移到印度之類的海外地點，許多企業便大力宣揚人力「彈性運用」（參閱：兼職零工、臨時差勤、低薪苦勞等概念）。加地夫因此成為威爾斯許多大型客服中心所在地，某天，一位在另一家外包客服中心任職，名叫瓊恩的女士告訴我，有時這樣的環境也讓人頗有壓力。

「業績之類的，會讓我們很有壓力……工作上也有其他的東西要我們衝，我也要去衝這些目標，有時候真的壓力很大……很多人會請病假或用其他理由待在家不來上班，因為他們就是受夠了，可能最後就決定走人。」

有些客服中心會設置全面監視系統，學者弗爾尼（Sue Fernie）與梅特卡夫（David Metcalf）將之比為「電子化圓形監獄」（electronic panopticon）[16]——圓形監獄透過空間設計，監視被管理者的一舉一動，並加以追蹤紀錄（按：panopticon 也有譯為「全景敞視監獄」）。圓形監獄的模型最初在十八世紀由哲學家邊沁（Jeremy Bentham）提出，是絕對監控的管理方式。在邊沁的預想中，囚犯會認定時時刻刻都有人觀察自己，將獄卒的目標內化為自己的想法，行為上漸漸符合管理者的期待，就算沒有人時刻盯著他們，也彷彿真的受監視而表現順從。

「團隊主管會來聽你怎麼接電話，給你說的內容打分數，給你的表現打分數，各式各樣的打分數……如果你的ＡＣＷ太高，或者如果你接一通電話的時間太長，公司就會罰你。」

ＡＣＷ表示「非通話工作」（After-Call Work），即接聽來電過程中與掛電話之後要做的工作，比如記錄客戶給的細節資訊，或記下通話後得出的結果。在某些公司，要是客服人員和客戶閒聊太久，或花太多時間記錄通話要點，公司都會發出懲處。

「我沒被懲處過，感謝上帝，但是……還是覺得有壓力。有時候就會忍不住聊幾句，因為可能是客戶想跟你聊一下，這就很難拒絕……你不能打斷他們，要聽他們說，有時候他們就會講得比平常還久，然後你就卡在那邊，公司不喜歡這樣。」

上將保險也有排名制度，根據員工進行電話客服的表現排出高下，再比較留住的客戶多寡，清楚標明哪些人表現良好，哪些人表現不好。互相競爭的制度會讓部分員工倍感壓力，當然也有些人適應得很好，越戰越勇。那位叫瓊恩的同業告訴我，她有些年輕同事，特別是男同事，會為了業績排名而拚個你死我活，因此替公司增加不少營收。

公司想方設法刺激員工，儘管人人能力非凡的未來世界尚未到來，但在不遠的將來，科技或許雖還未克服人類侷限，雇主卻已能全天候監控員工，記錄心理狀態、睡眠規律與工作中的交談內容。現實中，中國政府便已準備採用一套巨型評分系統，給個別人民打上社會信用分數。讀者想必多少聽說過，有些科技公司正努力建構這種蜂巢式社會，根據個人對國家經濟貢獻，或對公司營收表數字的功勞，來計算每個人民的存在價值。

要論未來，其實未來社會更可能像《菁英主義的崛起》（The Rise of the Meritocracy）所述，走向菁英領導制，而非《一九八四》（Nineteen Eighty-Four）的極權社會，但就現況而言，我在南威爾斯還沒有觀察到菁英主義的蹤跡。

相比於想像，現實生活其實更波瀾不驚。工作場所中雖有資方監督，嚴密程度還不足以妨礙工會活動或勞方的抵抗行為。儘管在任何客服公司，大多都透過電話和客戶進行互動，確實為監控管理提供了一些方便，但真正的難題是將監視管理限於工作場所，只要進入非上班時間，勞工就必須拒絕回覆公司的電子郵件和電話，或其他的差遣方式，免得自己淪為呼之即來、揮之即去的工具。現實中，客服中心員工遭遇的問題，通常比所謂反烏托邦社會情境更無趣些，都是些爭取上廁所時間，和主管霸凌等問題。舉例來說，瓊恩面臨的多數問題，起因多半因為公司拒絕體諒她的病痛，或雙方對休息時間長短有爭執。「我有貧血的問題，也有糖尿病……公司還會取笑我，所以我試過找工會幫忙……你又不能在位子上吃，午休結束前就要吃完回到位子上，有時候真的是做不到。」

實際上，在客服中心這樣的環境中，推行集體組織最大的障礙，在於人員間的冷漠，特別是較年輕的勞工，常常連工會是什麼都不知道。如今的社會比起以前，大約四十或五十年前吧，顯得更加分化，也更原子化，在許多人眼裡集體力量的觀念好比外星人，大家都習慣自行處理個人問題，或透過「團隊合作」包裝的管理模式來處理掉。同時，也有一些現實難題，造成工會日漸萎縮，只剩下一些殘餘勢力，反過來越發受公部門掣肘。

除此之外，上將保險還另行設置了一個員工層級，這群人拿的薪水比我們稍多些，負責以管理階層的姿態傾聽我們的問題。這群人可真難擺脫，總是徘徊在四周，像在開瓶果醬旁飛繞的蒼蠅一樣黏人。不知是誰想到這樣一點一滴向下滲透權威，可真是天才之舉：一方面，只要有問題，就可以透過這個管道提出，公司裡總有人能夠替你呈報上級，解決難題；但另一方面，團隊主管的影響力也變得無所不在，反過來也能從勞方這邊施力，阻礙任何集體團結的活動。

在上將保險，通常會有特定同事和我們建立緊密聯繫，這類人往往和主管有直屬報告關係，導致我得比之前任何工作都更小心，免得暴露身分。這些人是你的同事和夥伴，但也不只是同事。其實，你們之間的關係並不平等，也沒有什麼共同利益可言。

我想，我在上將保險學到了一課：即便工作本身很無聊，雇主也能不花一毛錢，就讓員工甘願忍受苦悶。這份客服工作和我預料的一樣無趣，公司卻也非常認真打造出一個討喜的職場環境，讓員工不要心生厭惡。總之，這工作還算可以忍受，觀察大多數和我聊過的同事，可發現就算他們不樂在其中，起碼不會有太大壓力，但我覺得他們值得多拿些薪水就是了。不過，即便在上將保險這樣的「好」公司，也很難見到工會的影子，表示若這些好公司哪天要改頭換面，搖身一變成為刻薄的壞公司，也沒有任何力量能夠阻擋。原來我們享有的任何美好，都會在一紙臨時通知後，一夕剝奪殆盡，就像孩子被猛然扯掉了奶嘴，只能坐在原地，一臉無助。

15

一九八〇年代去工業化的衝擊，在南威爾斯部分地區留下嚴重後果，挫敗感已滲入居民骨血中，有如靜脈注射的藥品，布萊納爾（Blaenau Gwent）地區最大的市鎮厄布威，氣氛更是低迷不振。

我對厄布威的第一印象是荒涼，雖不像黑潭某些區域那樣慘兮兮——這裡不是每個角落都有遊民——空氣中卻也彌漫一股遲緩停頓的氣氛，宛若冬霧盤桓山丘間，給人一股不祥感。從前，這些山曾是財富的象徵，如今在十二月天，昏暗的午後山景，似乎只加重了鎮民心中揮之不去的陰霾。

「我們這裡就只有煤礦嘛，你都看到了，有那個鋼鐵公司在做……穿過M4公路，那邊都是幾千幾百噸的煤，全世界最好的焦煤。」閃電這麼說。

這樣的盛況卻已不再，煤礦業早因市場劇烈波動而衰敗。如同其他眾多谷地小鎮，厄布威也困在工業興盛的過往，以及未知將來之間的遲滯困境。主要產業沒落後，首先走下坡的便是居民健康。研究報告指出，二〇一三年布萊納爾居民約有一萬人服用抗憂鬱藥物，考慮此地總人口數不足六萬，表示六名成人中即有一人持有

Doxepin、Prozac和Trazodone等藥物的處方箋。《每日郵報》便質疑地方醫師把抗憂鬱藥物「當糖果一樣」，隨便就開給民眾。[17]該報找到一名（他們看來）堅守道德的醫生背書，認為民眾應該戒掉這些「快樂小藥丸」，才是正確做法。

「很多人想繼續服用抗憂鬱藥物，通常是為了逃避工作。」該醫生信誓旦旦地向《每日郵報》表示：「他們一點也不想工作。如果不工作就會餓死，那還不至於如此，但是在這個國家，這種事不會發生。」

換句話說，貧窮等於敗德。富人只要有錢賺就工作，窮人卻得挨餓才願意勞動，所以居民整體健康急遽惡化，不是因為產業衰退，是因為居民本身品行低劣——可是，看看前幾代人，當時谷區產業還興旺發展，哪來現在這麼多社會問題？其中，最大宗的失業問題，起因是就業機會始終不足。

「實在沒什麼工作可做。」退休老礦工喬夫表示。他裹著一件綠色開襟毛衣，坐在厄布威鎮上一家小咖啡館前，和我一起抽著菸，頂著冷天氣喝熱茶，眼看逛街行人漫步來去。

「我一向住在這裡，以前在礦坑工作，礦坑關了以後就去煉鋼廠上班。」喬夫一邊吞雲吐霧，一邊用粗嗄的聲音說。

「說到工作，現在這裡什麼都沒有。你去看看威瑟斯本的酒吧，進去看一眼就知道，所有人都泡在裡面，閒著沒事幹。」

初來谷區時，我最想知道的就是這一切怎麼改變的，不只是最近十或二十年的變化，還要追溯到上個世紀中，一路走來的發展。喬夫描繪的景象，在我踏入當地的PMP時，便得到證實。我早對PMP這個人力仲介公司相當熟悉，他們就是提供人力給亞馬遜的其中一家業者，此地所廣告的工作，也幾乎都是最低工資的倉庫粗工，或者零工時合約的清潔工作。

「我生長在最好的年代，說真的。」我們一面抽菸，喬夫一面對我說：「我的童年比誰過得都好。我這個年紀的人，都會說自己的童年最好，因為那時到處都是工作。你可以從這個工作跳到下一個，絕對沒問題。可是後來煉鋼廠要撤走，礦坑也跟著要走。昆鎮的礦坑關了，離這裡才四英里的地方。以前工作很多，那時這裡很繁榮的。」

我來訪此地前不久，附近托巴特港的煉鋼廠因業主塔塔鋼鐵（Tata Steel）宣佈變賣計畫，正處於未來不定，員工不知何去何從的處境。工廠一關，一萬五千份工作都會憑空消失：四千名工廠工人、成千上萬的包商，以及整個供應鏈不同階段雇用的工人，通通會失業。[18]

當然，此地仍舊保有從前工業的痕跡，能夠切實感受其氛圍，就像壁爐上掛的肖像裡，先人還陰森森盯著你看。

不同於礦工作家昆姆斯的年代，如今人們也離鄉背井討生活，遷移方向卻和彼時相反，你得離開谷區，才能找到穩定又收入不錯的工作。

「好吧，就是還沒恢復。」我們正聊著這光環盡失的世界時，喬夫的一個年輕朋友便插嘴：「這裡很多工作常常都用零工時合約。你簽約想加減打個工，發現賺不到多少錢只好回去領救濟金，不過別人會覺得你有問題……你最好要有固定薪水，或固定的錢進來，才能付房租跟其他東西。」

「你拿不到錢啦，老弟，他們根本不付錢！」喬夫斷然反駁，一面起身，拖著腳走向咖啡館門口，打算進去買午餐吃。「我有請看護來照顧我，他早上六點就會在我家門口。下次來，要等到五點以後了，但他一天還賺不到三十鎊。這樣他養得了家嗎？到底要叫他怎麼辦？」

此地商業區的店家，多是些我以為在小鄉鎮才會有的商店，比如一鎊商店、當鋪、電子遊樂場和投注站，某條街從頭走到尾，短短的路程便有三家當鋪。很難想像，五十多公里外就是繁榮的都市布里斯托。我到街上逛了一圈，發現在鎮上走動的人，看上去大多超過五十歲，後來回到先前那家小咖啡館，買醃牛肉洋蔥三明治吃，也看見店裡的客人都是這個歲數。我想，出生在二十一世紀的厄布威大概是種詛咒。這句話聽來可能很刺耳，似是對留在這些衰落地區討生活的人品頭論足，但我得聲明，我絕無檢討之意。

吃完三明治，我便到喬夫熱烈推薦的酒吧一探究竟。有位女士聽到我和人聊天，便過來加入，再三強調，說我一定會一直聽到別人說：這裡沒有工作。

「我家孩子都搬走了，都是為了該死的工作。」她口氣堅決地說。

當然，這裡還是有一些工作機會，像我也克服困難找到工作了。不過，工作也挑人做，比方說客服中心這類要面對客戶的工作，有些人便特別難適應，如果不懂得如何應對，又自信不足，公司就不可能聘用你，畢竟這些是教不來的。有些年輕人是受父母影響，在成長過程中沒有培養足夠的就業能力，因為他們的父母不覺得自己需要受教育，當然也不會重視子女的教育。

這些父母總相信自己「隨便就找得到工作」，一直帶著這種想法，踏入新時代，卻發現再也不能早上走出工廠大門，拿著離職員工專用的P45稅碼表，下午在午茶時間前就立刻找到性質類似的新工作。他們不僅自己未曾改變，還將想法傳給下一代，結果孩子長大了，才發現自己身處專業分工的經濟型態，專業資歷才是決定一切的關鍵。

「我猜，還是有很多就業機會，只是大家都不想工作了。」威瑟斯本酒吧裡，鄰座的退休老先生跟我聊起來，我一邊聽，一邊啜著健力士啤酒。「那些人都過得很舒服，跟父母住，半個月領一次失業救濟金，拿一點錢給媽媽，剩下都是自己的。」我問老先生，他認為應該怎樣對待他說的這種人，他便氣沖沖地說，應該要求政府停掉他們的社會福利，「把這些該死的傢伙趕回去工作」。

「做什麼都行，油漆籬笆，啥都行。別讓他們老待在家蹺腳看電視……我一九六一年出了學校以後，就一輩子工作。我一輩子都在工作。我也做過一些爛工作，哪有什麼。」

在厄布威，不少對話都繞著這些主軸開展，通常都從一套自相矛盾的說詞開始：有些人先呼籲用嚴刑峻法對付失業人士，卻又說自己「認識的人」真是費盡心思，也很難找到工作。接下來，他們的態度可就完全不一樣了，如同當時在魯吉利酒吧裡，那個跟我抱怨外勞問題的男子，這類人總有一種不符現實的恐懼。其實，統計數據可以佐證，失業問題並不會跨世代延續。

「有個星期六，一個小夥子來這裡，樣子很難過。」鄰座的酒客聽我解釋後，便轉為理解的口氣，繼續說道：「他在一家仲介工作……因為每年這個時候，仲介都會裁減（人力）啦。不然你就去亞馬遜……每年只雇三千人，反正你也知道，他們都有一個固定的人數。到了十二月二十二號，你就該走人了……像我女婿就在一家清潔公司，要全國到處跑。全國各地都要去。他在那邊做了三天還四天，突然就說沒有工作派給他。他是喜歡這個工作，有問題的是他的公司。」

要想真正了解失業問題——或者稱為「未充分就業」——你得親自出門，找一些到處求職碰壁的人，一些因為工作不穩定而吃苦的人。你得像馬克思說的，走出「自由、平等、富足且邊沁主義」的舒適王國（或推特和臉書同溫層），若馬克思活在今天，可能會把這類社群媒體也列入。光看國家統計局每月發佈的統計數據，可說毫無幫助，因為數字只會告訴你，有位女士一星期當三小時收銀員，辛苦討生活，或者有位男士在當揀貨員，這星期工作時數三十小時，下星期只有兩小時。

二〇〇八年經濟重挫後，簽下零工時合約並從事不穩定工作的人數，幾年來已大幅增加，即便政治人物樂觀看待就業率數字，厄布威人大概也無法感同身受吧。

如今，大家都認為政治毫無幫助，或許是因為國家扮演的角色逐漸轉變，反正絕不是什麼「後事實」論述的緣故。「後事實」是近來突然興起的新玩意，是自由派論者精挑細選的「討厭鬼」，可用來解釋政治亂象，解釋為什麼善於煽動和整天吹牛的人能夠輕鬆帶風向，操弄民意。吹牛專家算是當今少數還願意站出來針砭社會的人，不過他們提出的手段也往往醜陋、悲觀又暴力，未必有益社會。

政治人物則會對人民許下承諾，答應下次選舉時如果由他來做，一定會不同於現任者，保證一切都公開透明，同時打擊所有擋在眼前的阻礙，一概碾為塵土。假如管事的政治菁英都自認能做的不多，那麼上述這些大放厥詞的小人，便更能從中施力，上下其手。

PART 4

倫敦

16

鬧鐘聲響刺透昏暗公寓靜寂，彷彿有人突然在墓園放鞭炮。凌晨四點四十分，刺耳鬧鈴聲劃過又濕又悶的空氣，過了幾天，這噪音就會鑽進你的潛意識。之後不論身在何處，一聽見類似聲響，思緒便暫時拉回到這漆黑房間和陰鬱的街區，然而這裡也不過距離倫敦某些繁華地標幾街之遙。

鬧鐘尖聲叫喊漸漸平息以後，不久忽來一道黯淡橘光，漫過我和鄰床室友間的紙板隔間底下。過了一會，菸味也飄過來了，飄過臨時搭設的牆壁，伴隨一陣咳嗽和喘氣聲而來，可真是如假包換的「異口同聲」，這是來自其中一名病弱的羅馬尼亞男子。外頭厚重的破曉光景下，遠處狗吠聲群起，好比管弦樂團節奏部加入第三小節，正是擾動內心平靜之最。這下，你再也休想安眠。

這間公寓裡住了一群怪人。抽菸的是多若西，一位英國老太太，其他幾間房則大多擠滿年輕東歐人。這一早，多若西也被鬧鐘吵醒，這鬧鐘是匈牙利人莉莉的，莉莉每天一大早天還未亮便出門，到城裡的辦公大樓區給人掃地、掃廁所。鬧鐘聲剛過不久，多若西便開始嗓音沙啞地喋喋不休，語帶哀戚，進行日常抱怨。

有天早上，莉莉一邊忙著泡茶，一邊問多若西在抱怨什麼，老太太便回答：「我真無法解釋，要抱怨的事情太多了。」過了一、兩分鐘，多若西才切入重點，準備長篇大論起來，說她如何不滿在寒風直吹的冷天氣裡，本想出門前再貪睡片刻，卻橫遭打擾。

「都是我兒子。我們一直住在一起，最近他跑到別的地方去。我猜他和別人在一起啦。」我搬進公寓過完第一晚，隔天一早便聽到多若西如此抱怨。

這位嬌小駝背的老太太，身上總罩著一件廉價羊毛衫，活像包裝簡陋的聖誕禮物，看上去大概有八十歲左右了。她那備受怨懟的兒子有天突然離開，「把錢都拿去了」，於是她只好搬來這裡，從一個蝸居遷到另一個蝸居，身上只剩一點錢過日子。有時房東同情她，便讓她免費住宿。多數時候，她都坐在公寓裡，照顧一隻流浪黑貓，我想這隻貓大概是這裡唯一一位平權主義者吧，因為牠能忍受這位可憐老太太的再三抱怨，從不表示厭煩。

「不是有沒有錢吃東西的問題，是要有了錢，才能做自己想做的事……我現在要做什麼都沒錢用。」她悲嘆道。

「那時候看到這隻可憐的貓，不知道綁在那裡多久了，但我只覺得這貓還真可愛。」

我聽著多若西說話，在昏暗電燈下，往上望著天花板，感覺好像身在哪個窄小又陰寒的地窖裡，永世隔絕在這百萬人都還平靜安眠的城市之外。我身後那面牆上，有句「C'est la vie」（這就是人生），用小小黑色的字寫上的，撇號則用一心形符號代替，光線閃爍搖晃，正好掃過了這顆心。聖誕節剛過，我便從斯萬西回到倫敦。這個時節的首都，給人一種近似魔幻的感覺：酒吧顧客絡繹不絕，聖誕歌曲樂音從內流瀉而出，不時有精心打扮與西裝筆挺的人潮出入，前來狂歡作樂。歷史建築則有自己的燦爛燈光妝點，光影下，興奮的孩子會硬拉著他們的父母走進商店，挑選希望聖誕老人給他們的禮物。

倫敦東區再也未曾擠滿大批衣衫襤褸的可憐東區佬，街上也不再「滿是新來的各色人種，身材矮小，一副可憐相或醉醺醺的樣子」，如一世紀前，傑克．倫敦（譯註：Jack London，十九世紀美國小說家，著有《野性的呼喚》、《白牙》等）觀察所得。首都今日繁榮，都得自許多移民勞工的貢獻，他們的聲音微小，恍若身處在新一代剝削者的腳下，比起從前震驚舊倫敦中產階級讀者的那些書中人物，可說同樣人微言輕，處境相仿。從前的畫家呈現都市貧民百態時，會像霍加斯（William Hogarth）一樣，將窮人描繪成居住貧民窟的怪胎，面容身軀都因艱苦的生活條件而彎折扭曲，今日一貧如洗的移民卻幾乎從其他人眼前消失，根本不見其蹤。

從前注意窮人處境的心力，如今只轉而關注英國工人的怨言，仍未投向羅馬尼亞勞工或孟加拉計程車司機的不滿。移工也好，過去處境相同的小人物也好，都未能為自己發聲，卻也正因無法發聲——「說出英國人的心聲」——才導致他們儘管埋怨，想說的話卻只停留在骯髒的起居室，或廉價旅社中，傳不出四周的牆外。

在我們位於倫敦橋的這段故事裡，同樣也是如此。我晚上睡覺的這公寓窄如閣樓，位在從前的社會住宅區，附近的房子都是磚造房屋，外牆塗有煤灰，屋齡長久。多年前，此地早已出售，轉手多次後，如同倫敦市中心與周邊地區的房地產，市場價值一路上漲。目前的房東——我還沒見過本人——據說也才剛接手這房子不久。房租一周八十英鎊，附一張長方形床架，樣子很像兒童生日派對上，可以看到的那種粉紅色威化餅。這張床就安放在四面紙板牆之間，整個空間約長十英尺，寬六英尺，有點像住在鞋盒裡，只不過和其他六個鞋盒排在一起，而且每個盒子各自裝了一個活生生的人。

如今比起國內其他地區，倫敦的住居條件可說惡劣得多，由於房價不斷上漲，遠遠超越工資調漲速度，即便想逃避私人租賃市場加諸的沉重負擔，任何想得到的方法也都越來越不可行，像二〇一七年，七名租屋族中，便有一名至少得耗費一半收入來付房租[1]。

從實際情形來看，高房價現象迫使許多人夜夜都得睡在狹窄斗室，另一個極盡繁榮富有的世界，卻不過在幾條街外。如果你的工作，比方說是當優步司機，或者在辦公大樓裡當清潔工，那麼你晚上很可能就睡在這種地方。你要不是勉強忍耐地住在這種「小雅房」，不然就得往東搬遠些，再每天通勤，一下燒光所有的錢。

走過倫敦街頭，會經過兩個不同世界的相接處，在此貧富偶然相鄰。根據調查，二〇一〇至二〇一七年間，倫敦居無定所的人數增加了134％[2]，二〇一四年一項（Evening Standard）調查則發現，倫敦有740幢無人居住的「幽靈豪宅」[3]，多是超級富豪投資人名下所有，純為投資房產而購買，一幢幢原該住人的房屋，都成了真實版的大富翁道具，只是財富積累的道具。

拉開這些窄小房間的塑膠窗簾，就能看見遠處的碎片大廈（譯註：Shard，又稱夏德塔或摘星塔，位於倫敦橋站西南側，樓高七十二層，包含辦公室、餐廳、酒店、公寓等設施），朝那邊望過去，底下是若干空屋的生鏽大門，與灰白色調的辦公大樓群，大廈尖頂便在這片景象中醒目突出，熠熠動人。出了公寓，沿著馬路往下走，有家外觀破爛的酒吧，一群又老又窮的男士，一身襤褸，泡在有霉味的沙發客座，消磨很長時間。他們弓著背，喝著酒，一旁火爐中偶爾迸出一點橘色火星，掉落到磨損的骯髒地毯上。再往下走過幾個街區，有幾家外表新潮的小餐館，餐點價格不菲，花上這筆錢，可以買到巴掌大的小食。

不過，身在市中心，總感覺是件了不得的事，讓我不論到城裡哪個角落工作，感覺離自己的「基地」都不會太遠。既然你想早出晚歸，一天的時間便由一段午休時間插入其中，分割為二。一整天裡，午休時間是街上比較安靜的時刻，據準同行所說，下午這段時間，正是手機應用程式叮噹通知最難得出聲的時候，對我們而言，就是好比新老闆暫時放你一馬一樣。

我回到倫敦，準備加入「零工」經濟，成為其中一分子——零工經濟是勞動市場上比例逐年上升的一群勞動者，包含自由接案與「零工」，也就是彈性工作，費率計酬，通常（但未必）透過手機應用程式洽談案件。近年來，零工經濟逐漸流行，這個名稱飽含意象，喚起對成名的遙想，與漫不經心的自信張揚感——令人希望自己像個擺弄吉他，稱霸舞台的搖滾巨星，可以隨心所欲，每天慵懶鑽出被窩，有適合的「案子」再接，做完工作，又能立刻「從雷達上消失」，不再理會新通知。「自由」與「自主」這類詞，在這偽稱革新的小宇宙裡漫天而飛，宛若婚禮撒落的繽紛彩帶，現在，你的老闆是程式演算法。你也許放棄了一些權利，可是老兄啊，反正還能打打零工，在這嶄新的科技烏托邦裡，你（只少在理論上）可以賺錢養家，同時保有自由與自主呢！

「零工」經濟是近年快速發展的經濟領域，自全球金融危機起，零工經濟即大有成長，單二〇〇八年這一年，英國便有三百八十萬自營作業者（self-employed worker）。迄二〇一六年年初，自營作業者人數已成長至四百七十萬，創下新高。[4]回頭看二〇〇八年數據，當時有12%的勞動力屬於官方定義的自雇人士[5]，二〇一七年則將近16%——自經濟危機開始後，共增加約一百萬名自雇者。有些人樂觀看待，認為這是有越來越多人創業，自信開創自己的路。不過，也有一些人質疑，指出自雇人數增加，是因許多經濟領域的利潤都已萎縮，企業便假稱員工不再是員工，藉此迴避相關責任，有效降低營業成本，轉嫁到員工身上。從前固定工資與工時的工作，本可保障最低收入、假日支薪，或許還有一份雇傭契約可以倚仗，如今逐漸由名為「獨立承攬人」的勞動者承包，工作內容相同，卻再無法享受原本的權益。

你平日賴以接收工作資訊的程式演算法，多半出自科技新貴之手，也就是所謂矽谷人士所設計。狄更斯筆下的普羅大眾，在倫敦街頭已不復見，他用精采手法描繪的那些資本主義大亨，也多已不見蹤影。新一代的主宰者，不再是些肥胖惡劣，頭戴高帽的男人，不再像他們一樣幻想建立資本帝國，反而可能打開襯衫衣領，捲起袖子，一派溫情動人地談論多元文化。不過，我也很快發現，這些所謂人民的資本家——他們自認反對現存社會體制，喜歡自稱「挑戰者」——其實還是很像以前的資本家，同樣擅長壓榨底層人，求取利潤，駕輕就熟。

不僅如此，他們還精通說服之道，能說動你相信整件事對你都有好處：你是「做自己的老闆」！主打「零工」經濟企業的人資部門，總是不厭其煩，不斷重複這套說詞，又有誰說得出哪裡不對？

17

我打算加入倫敦臨時工的行列，便向倫敦交通局遞交私人出租車職業駕照申請，正式踏上駕駛之路。我本想從事單車快遞這一行，但這時還等著開疝氣手術，想到要帶著疝氣騎腳踏車，在城裡到處跑，聽來可不是什麼好主意，開車工作應該宜人許多。

向交通局申請職業駕照，再成為優步駕駛的整個過程，頗為直截了當：首先，填寫申請表，之後等上三個月，就能領到駕照上路，載客賺錢。流程簡單輕鬆，卻也造成許多計程車司機的煩惱，因為這些新來的競爭對手光憑一個應用程式，就能大大降低每趟載客的成本，傳統計程車司機只得在已飽和的市場內，更辛苦爭取為數不多的乘客。其他運輸業也出現了類似競爭：比如單車快遞業，快遞員必須和越來越多的同行搶生意。傍晚走一趟詹姆斯城路，隨便站在一家餐廳外，就能看到至少六、七位單車快遞員在附近閒晃，屁股坐在車上，一腳踏在地，一腳還踩在踏板上，滿心期待，等手機上的那套演算法和控制器發出通知，送來案件訊息。

目前，法規對優步駕駛人數的上限並無規定，近年來優步駕駛人數便急遽增加，毫不受限。據倫敦交通局統計，過去七年間，倫敦的私人出租車駕駛人數確實也增為兩倍，已超過十一萬七千人。[6] 雖然並非所有司機都透過優步接案，但如此破紀錄成長，也和優步擴張市佔率的發展歷程大略相符。二〇一二年，倫敦已有五千名「共乘人」（乘客）使用優步應用程式，二〇一六年則增為一百七十萬。每次一開啟我的司機專用程式，優步都會鼓勵我「邀請朋友加入」，積極拓展客源。

大多數商業模式實行後，難免有商機多寡的差異。因此，優步便組成司機大隊，每日隨傳隨到，好降低公司本身的風險：就算乘客眼前沒有計程車，也能隔空「招車」，這正是優步獨家賣點。有了程式，就不必站到路邊發抖苦等，一有計程車黑色的身影急轉閃過，便像瘋子一樣揮動雙臂，引起司機注意。程式便利，成本降低，形成一股似乎無止境的推力，不斷引誘公司招募更多司機。畢竟，這樣做的沉沒成本（sunk cost）不高，何樂而不為？既可以省去繳稅的麻煩，接下外包的承攬人也是按論件計酬，沒派到工作的話，公司也不必付錢給司機，就算法律規定了最低工資，也無從適用。勞工也不能主張勞雇關係的權利，因為在公司的定義下，他們根本沒有員工身分。

倫敦交通局要求駕照申請人必須測驗基本的地圖判讀能力，始有資格取得執照。在我參加地圖測驗時，才親眼見識到究竟有多少人想加入「彈性」經濟。當天共有四十個應考人，絕大多數是男性，只有一位女性，考場設在優步辦公室，從查令十字車站走過去，只有十分鐘路程。先讓我說明一下情況：每星期有五、六天，躍躍欲試的準司機會在倫敦幾家認證中心出席考試，優步也安排我應考，但我等了一個月，才輪到進考場。

應考時，我發現大多數的應試者都是第一代或第二代移民。考試前，我在考場外和一些人攀談，他們跟我一樣，提早半小時開車過來，避免遲到，這時正在附近徘徊殺時間。我問他們，為什麼想當優步司機，他們都熱情地表示，因為工作非常有彈性。「我可以照自己喜歡的方式工作。」有個南亞來的男子，用一口破英文說道。另一個人則說：「就像是說，我可以決定什麼時間和怎樣做。」他搬出的恰恰是優步在網路上行銷的說詞，連我自己都很吃這套。

說真的，這工作的彈性確實吸引我，畢竟我有一本書要寫，開優步計程車應該不像之前其他工作那麼累，至少可以降低工作量，方便趕稿。當自己的老闆——沒有霸道的生產線主管，不時耳提面命，緊迫盯人——真是好處多多。自己當老闆，就能馬上呼吸自由空氣，再也不必像機器人一樣乖乖排隊，只因違反一點公司政策，便等著被責罵或羞辱。我是自由的，不必理會身邊還有什麼規則束縛。如果規矩還能忍受，我就接受，假若規矩令人不快，我便該打破規矩。

不久之後，我才真正了解自雇工作的不穩定，會帶來烏雲罩頂的不安感。

測驗結果出爐，我得分相當於八十五分，遠高於及格標準的六十分。當初寫完考卷，我根本沒檢查，也不需要檢查，因為整份考卷都是些基本的地圖判讀問題，和回答地點、公路與倫敦周邊鄉鎮的名稱，難不倒我。有幾家公司都要求司機參加這個測驗，但優步提供補貼，讓司機可以免費應考。

申請職業駕照的流程全部跑完後，倫敦交通局發下一張PCO（Public Carriage Ofce，公共運輸處）執照，有了這執照，只要準備一輛合用的車就能執業。在優步，所謂合用的車，車齡必須在八年以下，可以租車或直接買車，但考慮買車可能又得花掉至少五千鎊，不算是好選擇。所以我選擇租車，每星期付租金給「企業租車」含保險費，一次至少租四星期。

說實話，優步連我要用什麼車都管，還真是奇怪，這應該是我自己的事情吧？優步允許我用他們的應用程式，把我歸類為自雇承攬人——所以，我屬於他們的合作夥伴，不算是員工。「優步只提供科技應用程式，並不是什麼私人出租車公司。」後來，我們這批新司機在公司受訓時，優步團隊的人也是這麼解釋。

也有其他企業採用類似優步的商業模型，比如快遞公司戶戶送（Deliveroo），多數在倫敦四處送貨的人，都是替這樣的公司辦事，但他們也不屬於員工，領的不是「薪水」，是「獨立供應商」的報酬。戶戶送的快遞員穿著綠色制服的身影，在倫敦市內隨處可見，人數還不少。可是，戶戶送為了強調快遞員都基於自由意志進行商業活動，便在所謂「送貨人用詞指南」中寫道，每位送貨員身上穿的那件衣服，儘管印有標誌，也不過是一種「裝備」，是大家從公司的「供應中心」買來的，才不是制服。同理，他們從戶戶送賺的錢是「費用」，不是薪水，拿到的不是薪資單，是「發票」。[7]

這就是平台資本主義（platform capitalism）。我們是企業的合作夥伴，只是在使用「工具」，這工具可以「連結尋求駕駛服務的顧客，以及可以提供駕駛服務的司機」[8]，優步都愛這麼說。優步是一家科技公司，只不過剛好也有計程車客運業的執照，如此而已。

光看某些方面，還真不能不讚嘆優步的經營之道，畢竟，若非這些新作風和故意唱反調，優步可沒辦法從一個古老行業脫胎換骨，搖身一變成為新興產業。用前執行長與創辦人卡拉尼克（Travis Kalanick）的話來說，就是將「在舊金山接送一百個朋友的黑色計程車服務」轉變為「橫跨六十八個國家，四百座城市的運輸網路」。像優步這樣的搗蛋鬼，擾亂倫敦私人出租車市場的程度，一望即知，街頭隨處可以觀察到。有時，等紅燈的時候，身為路邊耐心等待的優步司機一員，坐在車裡就能查覺有人在瞪你。立刻轉身一看，他們就在那：兩眼充血，盯著你看，眉頭深鎖，滿面愁容——他們是憤憤不平的計程車司機。偶爾會開口，朝你胡亂吼幾句髒話，發洩完畢，這些情緒惡劣的守舊派就會開車離去，表情扭曲成一張苦瓜臉，嘴裡還連珠炮似的連罵幾個髒字。「媽的」、「幹」，有時候他們也會叫你一聲「狗腿仔」。

過了一陣子，你會漸漸習慣這些惡意相向，或至少臉皮變厚了，能充耳不聞，好像那只是小孩在鬧脾氣，沒什麼大不了。可是，聽著這些，至少在一剎那間，也覺得自己在做一件有意義的事：搭傳統計程車畢竟太貴了。我們早已習慣這些穿梭在倫敦背景中的黑色甲蟲，就像電話亭和雙層巴士是一種古雅與懷舊——都去死啦，半夜兩點回家，街上一個人影也沒，這時的你，當然只想招輛便宜的計程車來坐，誰還念什麼舊。

身為司機，能用精心設計的應用程式處理乘客車資，感覺也安心許多，不必帶著錢包裡滿滿的現金，在倫敦街頭四處活動，起碼不怕乘客突然掏槍，抵住你的頭，要你交出 **PayPal** 帳戶密碼。如果真的遇到搶劫，優步也會登錄他們的資訊，（理論上）再呈報給警方。

最初抵制優步的聲浪，恰似許多新發明問世時，所引起的抗拒，倒也算意料之中。用老方法做事的既得利益者，只要發現任何新玩意會威脅他們舒適的現況，總是二話不說，全面抵制。若能克服這類科技傳統主義的反動，通常也是進步與否的關鍵，就像如今，已經沒多少人會哀嘆泰晤士河上沒有船夫，再沒人惋惜街上看不到馬車。當然，包含義大利在內，確實有部分國家仍以不公平競爭為由，禁止使用類似優步的智慧型手機應用程式，以保護傳統計程車司機的生計，然而長此以往，總難以永遠抵制下去，既不可行，也不能服眾，特別是在消費者政治影響力較強的國家，更不可能只照顧計程車業一方。

此外，對顧客來說，「零工經濟」的興起，同是好處說不完。一下子就能從網站下載好應用程式，馬上就能聯絡到願意提供共乘或住宿的人，媒合雙方需求。生活上幾乎所有想得到的工作或家事，都開始有應用程式提供服務。比如說，有個程式能找人來替你收髒衣服、洗衣服，用熨斗燙過，最後把香噴噴的乾淨衣服送回你家。在英國，每一萬五千名戶戶送的快遞員中，就有一人可以騎腳踏車替你到餐館取餐，再外送到府。出門逛街，要是懶得把沉甸甸的購物袋提回家，那就用個叫Dropit的應用程式找人幫忙，從店到府，為君代勞。透過Airbnb程式，則可短期出租自家房屋，充當民宿業者。想開BMW出門，就用DriveNow找找附近有沒有吉車出借，事後也只須把車停到合法停車場，就能輕鬆還車。

可想而知，還有很多類似服務，應有盡有，不僅方便，也比傳統服務便宜得多。就拿搭車來說，從西敏寺搭計程車到巴比肯藝術中心，車資大約十五英鎊，如果讓在下這個優步司機來接送，只收費八鎊，經濟實惠。

在二元對立的論辯中，我們有時會忘記「零工經濟」（至少在理論上）也有吸引勞工之處。或者，若勞工能採用一些合乎民主的方式，來控制這些支配生計的程式，零工經濟也理應能帶來好處。比起之前做的一些工作，用優步程式接案，已是大大減少我的懼怕與擔憂，不僅工時彈性，也有機會賺到合理的報酬，不怕白忙一場，很多人之所以下載優步程式，開始當司機，大概也是為了這些好處。根據優步自行統計，旗下有三分之一的司機都出身失業率超過10%的地區[9]，同時也聲稱自家司機平均一小時收入十六英鎊，大約是我做其他工作的兩倍收入。[10]（倫敦八成是全英國生活費最高的地區，但也沒比其他地方貴上兩倍，所以這收入比例似乎挺可觀的。）正式開始當司機前，我還聽說有些同行一星期可以賺四百到五百英鎊，不過有意思的是，這些話從來只是聽說，我沒聽哪個司機親口證實。若傳言屬實，這個收入可真不少，相當於部分地區兩周的工資了。想想之前的狀況，看來替優步開車還不賴嘛。

填完駕照申請表後，過了三個月，我終於正式開車上路。以前的工作都要打卡上下班，或填差勤紀錄表，當上優步司機後，只要拿出我的三星智慧型手機，滑開螢幕，就能輕鬆簽到，還可以暖呼呼地坐在車裡。一進入程式，畫面上便現出全城地圖，還有全部的內建功能，隨手就能召喚取用。我知道，早晚就會有人透過程式招車，成為我們第一位乘客，於是我滿心期待，盯著畫面上跳動的藍色定位小球，等待乘客上門。

18

我在諾丁丘的拉德布魯克路，載了第一位乘客。這是倫敦「中產階級化」的代表區域，本屬破敗城區，因有錢居民集體遷入才改頭換面。附近的波特蘭路上，早先那些六〇年代老屋才賤賣十萬英鎊，曾淪為貧民窟，結果最近又躍升為倫敦熱門地段，房地產售價動輒千百萬。我曾去過那一帶的「倫斯代爾伯爵」酒吧幾次，對那邊還算熟悉。我之所以開車來W11區——以及帕丁頓、貝斯沃特和肯辛頓附近——是因為這區給人的感覺，很像初來倫敦的落腳處。這邊處處都是遊客，遊客總想再到某個地方去，那麼希望他們會想搭我的車離開。

抵達此區，我緊張地等著客人上門，感覺到自己冷汗直冒。幸好，女乘客很快就來了，她鑽進車裡，也沒抱怨聞到什麼怪味。可能是我真的沒什麼汗臭，也可能是她很有禮貌，不會開這種口也說不定。

完成第一趟優步載客之旅，整個流程就更清楚了。基本上，只要按照手機上的一系列說明就行，等程式一發出尖聲通知，就有十五秒左右的時間，可以決定要不要接案，或讓給別人去做。你可以從地圖上找到乘客所在位置，過去接對方上車，再看地圖，送乘客到目的地。如果對方過了五分鐘都沒來，你還可以要求五英鎊的爽約費。

我接送過黑人、白人和其他各色人種，我載過禮貌的人、失禮的人、喝個爛醉的人和正在趕時間的煩躁執行長。這工作最大的優點，就是能遇到各式各樣的人，一切充滿驚喜，有時感覺都快上癮了。比方說，決定接案之後，才能知道乘客想去哪，然後努力找到他們本人，再安全護送到目的地。優步也不會告訴你乘客的全名或其他任何資訊，從某方面來說，這確實是優步服務的美妙之處。根據公司自己的說法，優步用這樣保密到家的程式，是為了確保公司能「隨時提供可靠服務給所有人」，這表示我們再也不能挑顧客，但也從此不再有調度員偏袒特定司機的困擾。同時能保護乘客，避免司機盜用乘客信用卡資訊，或半夜三點突然出現在女乘客家門前。

不過，既然這三方關係中，身為司機的你和乘客之間沒有直接接觸，全靠中間人聯繫，有時也可能讓司機在資訊不足的情況下，接下平常會直接拒絕的工作。大家可以想像以下場景，好明白我的意思：你已工作十二小時，決定再接最後一個案子就收工，於是你看看手錶，將近凌晨四點，已經這麼晚了。搖下車窗，已經可以聽見微弱的清晨鳥鳴。你心想，要趁著天邊橘色陽光普照大地前，趕緊下班回家，這是最要緊的。這時手機發出通知聲，告訴你有顧客想叫車，距離二十分鐘路程。你接下了案子，乘客上車時，表明他們想搭短程，付最低車資五英鎊——這還是優步扣除手續費前的定價，有一次扣除手續費後，我實際上只領到三點九四鎊。

接送完畢，又花二十分鐘開回剛才出發的地點，你等於花了一小時工作，卻只賺不到五英鎊。或者，乘客也可能要求你花三十分鐘，往相反的方向開，那又更費時費力了。不論哪種情形，等到你一路開車返回原點，真正收工回家，踏進家門時，可能已經早上六點了。這一天，你花了將近十二小時開車工作，而且還要額外花十五分鐘「空轉」（沒有賺取收入的時間）。好不容易可以栽到床上，差不多是左鄰右舍坐在餐桌前，準備享用早餐的時間了。

要說的話，腦袋清楚的人都不會接受這種差事。或許，這就是優步不准司機太常取消案件的原因：優步告知司機，表明大家至少得接受80%的載客請求，才能保有「帳號狀態」，避免遭停權。如果司機連續三次拒絕載客，將會被自動踢出應用程式，實務上也有些駕駛連續取消兩個案子之後，就被系統自動登出。不管「自己創業當老闆」的那套修辭有多好聽，現實就是被強制登出後，還要再等十分鐘，才能重新登入應用程式，而且這感覺可不像什麼預防措施，避免駕駛在不便載客時意外登入（這還合理些），倒更有種懲罰的味道。（其實，避免出錯的方式很簡單，只要在系統將駕駛登出後，在駕駛可以接案時立刻讓他們登入即可。）

身為司機，一打開應用程式，就沒有真正拒絕接案的權利，這才是重點所在。因此，多數時候優步要你去哪，就得去哪，如果程式要你在大半夜開車四十分鐘到倫敦另一頭，再返回原地，也得照辦不誤——否則就會落入優步的小把戲裡（強制登出應用程式，請你到公司走一趟，倒楣的話，可能會永久「停權」）。

在縮短等車時間這方面，公司介入的程度又更加提升，因為這可以讓顧客更滿意，增加使用優步的次數。不過，既然駕駛都是自雇，如此嚴格管理，便顯得奇怪，而根據我的觀察，在這工作某些方面，「自雇」的說法的確脫離現實，反倒更像用花言巧語包裝過的假象。

有時，開車工作也真的會讓人上癮。在美國，優步根據行為科學，採用了一些心理誘因，影響個別駕駛選擇特定工作時段與工作時間。據《紐約時報》在二〇一七年的報導，優步為了刺激駕駛出門工作，「利用部分人偏好設定目標的傾向，在他們想要登出時，便會提醒他們距離重要目標只剩咫尺之遙，好把他們留下來繼續開車。」

「我們會把高需求地區顯示給司機看，或設法激勵他們再多載幾個客人。」優步發言人阿莫迪歐（Michael Amodeo）說明：「不過，司機只要按下按鈕，就能暫停工作——他們有100%的決定權。」[11]

現實中，可能有個司機在晚上出門，心裡盤算著今天要賺多少錢，例如一百鎊，但這方式其實很沒效率，如果真的接不到案子，最好的選擇是收工回家，等機會多的時候再出門會更好。不過大多數司機都會設定目標，或至少剛入行時會這麼做，我自己就是個現成的例子。起初，我設定每周粗略的目標收入，再分配每天要賺進的金額，達標就可以下班。可是實際工作時，程式會在我結束手上的案子前，就寄新的乘客資訊到手機，好比看影集時，上一集的片尾都還沒跑完，網飛就自動替你下載下一集，變相鼓勵你不停追劇。[12]

如此，優步只要輕輕推司機一把，便能說服大家多開幾里路。再賺十鎊，你的淨收入就達到三百三十鎊了，確定現在就要下線嗎？設定目標後，產生漸漸接近目標的感覺，電玩遊戲常利用這種心理定位方法，讓玩家玩個不停，優步用的也是相同手法。

外送公司戶戶送的做法也大同小異，他們會把當周表現的資料寄給快遞員，再告訴他們，根據上周統計，有哪些好的工作時間和地點，藉此鼓勵快遞員騎上腳踏車，多多替顧客奔波送餐。優步也承認，他們曾在美國進行實驗，因為絕大多數優步司機為男性，實驗中便透過虛構的女性角色來鼓勵司機，提高他們在特定時段到特定地點載客的意願。

優步之所以能這麼做，是因為公司能追蹤司機的活動和大致行蹤。往好處想，應用程式可藉此控制超額產能，善加利用。理論上，追蹤司機現況可減少個人或個別車輛閒置的時間，提高生產力。比如說，我開車走某個方向回家，同時開著優步程式，如果有乘客想順路搭車，程式就會跳出通知，可減少里程浪費。通話程式則可提供極為簡便的聯絡方式，便於分享超額產能，充分利用。在正式上路前，我曾上了優步提供的「上路須知」課程，費時約兩小時，每位準司機開始正式工作前，優步都會請大家來上這門課。

首先，要完成註冊流程，提供帳號用的照片，之後優步派人來講解應用程式的基本操作方式，以及接送乘客的流程。至於優步對司機行動的監控程度，我發現這門課倒提供了不少實用資訊。回想在上將保險時，團隊主管是用開玩笑的方式，說公司裡有「老大哥的眼睛」盯著我們的一舉一動，當然這話只是玩笑，不能全當真。但在優步這邊，真的會感覺到一隻全知的神祕之眼，自始至終都在觀察及約束我們。

用善意的說法，我們得到種種「尊重乘客」的詳細指示。優步要求，司機應該「時時刻刻用冷靜且專業的態度和乘客溝通，務必告知乘客行程進度」。公司還告訴我們，應在車程中避免特定對話主題，比如聊宗教、政治和體育，以免冒犯後座的乘客。畢竟，我們出現的用意，是要服務乘客，回答問題，可不是要對世界情勢發表高見。

說起掌控司機的手法，在這工作的許多方面也都能略見一二。一開上路，你接的案件數量、類型以及是否取消案件，都由這個喜歡自稱「合作夥伴」的組織密切監控。

「跟優步合作的方式，就是得到一個整體評分、接案率和取消率的幾項數字。」在課程中，便有位優步講師這麼說。[13]「所以，我們會知道很多事情，比方說你接多少案件，還有推掉多少案件，還有取消和未取消的案件數量。我們會看到平台（按：即 UberPOOL 或 UberX）上的資料，如果發現你比平常取消更多案子，那就是有困難。」

有「困難」等於有「問題」，當然在這世上，只要能用委婉的說法，沒人會想一語道破。原先，我還對這工作的自由保有一些想像，職前訓練聽到這些話之後，幻想不禁漸漸破滅。「要請你們待在線上，是為了接到所有派給你們的案子。」講師說：「優步希望各位不要挑案子，不要只挑自己喜歡的案子做。」

除了派發案件的機制，優步還透過評分制度管理司機，讓司機和乘客在行程結束時互相評分，滿分為五顆星。公司會密切監控每位司機的平均得分，一開始每位司機都從五顆星開始，如果好好工作，短時間內要維持滿分，相對來說也算容易。除了評分制度，乘客也可以根據對行程的滿意度，給司機一個看起來很白癡的貼圖，比如「車型酷炫」或「設備一流」。可是，工時越長——缺乏社交的時間也越長——便更容易得到偏低評分。有時，路上塞車，害你遲到，乘客多半會生氣。有時是乘客輸入錯誤位置，車子開到了，才發現他們人不在那，結果乘客還怪在你身上。有時，乘客不高興，是因為習慣對地位低的人頤指氣使，看不起你，所以愛生氣就生氣。

偶爾，乘客一開車門，就凶巴巴講明規矩，只想命令你，不想聽你說話，期望你表現恭順。他們高聲說話，在車內空間聽來，更高了幾分貝，卻要你輕聲細語。這不僅僅是顧客為上，要你放低姿態這麼簡單，畢竟這本是載客工作的常態，難的是乘客要求司機絕對服從，這可是我在之前任何工作都不曾體驗過的。優步很愛說「乘客就是你的顧客」，要好好對待，但感覺上，乘客應該是優步的顧客才對吧。

以上這些細節都會左右得到的評分，想保有模範評分，拉高平均就是門學問。就連長年表現優異的板球運動好手，都可能因為一場比賽抱鴨蛋而出局，多抱幾顆鴨蛋，職業生涯可能很快就毀於一旦。在優步，公司會看你最近五十次評分表現，如果你遇過幾個難搞的乘客，給了偏低評分，拉低整體平均，你可能馬上就會被叫進倫敦的辦公室，進行「人員訓練」。假如你的評分一直低於4.5，可能就會被系統封鎖，不能再用優步程式。

「如果你的評分一直很低，就可能被禁用……如果低於4.4，我們會介入提供協助。」講師這樣說：「我們會提供司機夥伴必要訓練，好改善情況，如果訓練之後，還是一直拿低分，就會讓司機停用六個月，也不排除永久停用。」[14]開啟程式後，立即上線，所有程式丟過來的案子，似乎都得無條件接下，沒得選擇。

「要是你都不接受行程，經常超過計時器的時間，我們就會暫停中止你的帳號兩分鐘。」講師警告我們這群新進司機。「如果你一直推拖，我們每次中止帳號的時間也會越來越長。」

總之，的確是有種奇妙的自由呢。

上路第一周，我便發現艾茵・蘭德（Ayn Rand）的《源泉》（The Fountainhead）是優步前執行長和創辦人卡拉尼克的愛書。蘭德是俄裔美國小說家與哲學家，曾提出通稱「客觀主義」的哲學思想，可見於其兩部暢銷小說《源泉》與《阿特拉斯聳聳肩》（Atlas Shrugged）。客觀主義反對一切集體主義，包含福利國家、工會與公共醫院，都為客觀主義所拒斥。

如同共產主義，蘭德哲學呈現了過度簡化且「全面」的世界觀，對以放棄思考為主旨的讀者來說，具有恆常的吸引力。誠如柯斯勒（譯註：Arthur Koestler，二十世紀初的英籍猶太裔作家，曾加入德國共產黨）在《失敗的上帝》（The God That Failed，一九五〇年出版）中所言，發現能對世間事物通盤解釋的意識型態，總令人心安寬慰，因為這等於「找到了所有問題的答案」。

蘭德哲學假定有一種「利己美德」存在，並大加讚揚，這一套想法仍相當吸引當代企業家，令他們仍放心相信自己提出的欺詐詭計。「我發誓——以我的性命與對生命的熱愛發誓，」蘭德寫道：「我不會為了別人而活，也不會要求別人為我而活。」有些人可以推動世界的運轉（譬如企業家、產業龍頭），有些人則想方設法阻礙崇高偉大的事業（譬如官僚、工會），除了蘭德小說中神祇般的英雄人物，以及阻撓人類實現崇高理想的「掠奪者」，剩下的大部分人都不值一提，可以捨棄。這世上只有少數人「可以讓世界運轉不輟，實踐生命的意義」，蘭德在一九六八年版的《源泉》前言寫道，「其他人都與我無干。」

辛苦生活的大眾，似乎也與優步無關。優步因認定每位司機都是獨立企業體，而未就「訂車費」收入的繳納增值稅[15]，並透過荷蘭相關企業營運其應用程式，越過英國政府，在荷蘭繳納大部分的營業稅。[16]他們對司機的態度則是另一回事：二〇一七年，卡拉尼克自己便在搭乘優步時，因為司機當他的面抱怨得到的報酬太少，和司機起了嚴重爭執。卡拉尼克還不屑地告訴對方：「有些屎人就是沒辦法對自己負責，只會怪東怪西，怪別人讓他們過得不好。」兩邊便吵得更凶了。

要是你窮，那是你的錯，因為你不肯為自己的一條爛命負責。

想當然耳，優步崇尚蘭德哲學的態度，也延伸到雇用方式中。優步對司機的分類不是員工，而是定義為客戶，因為司機每次載客都要支付一小筆佣金，換取優步允許他們使用駕駛程式。究竟優步司機是否果真處於自雇地位，總有人提出質疑，甚至有兩名司機一狀告上勞動法院，爭執優步與他們的關係。二〇一六年十月，高等法院判決原告法拉爾與阿斯蘭勝訴，認定他們有權享有假日支薪與其他「勞工」地位得享之權利。法院並沒有採納優步司機屬於自雇的見解。

「優步主張其於倫敦之事業係三萬小型企業之集合，以普遍可用之『平台』相互連結，此主張應認係屬謬言。」法院表示，並加上一句：「司機無法亦無從與乘客協商討論……其僅得根據與優步簽訂之條款，提供並接受行程。」[17]

法拉爾勝訴後隔周，立即向優步提出請假，卻遭公司拒絕，因為優步已提出上訴。二〇一七年下半，優步於上訴審再度敗訴，不過在我撰寫本書時，優步又提出上訴最高法院的聲請——表示這件案子可能會再拖上幾年，才能塵埃落定。[18]

我想多了解這個案子，便接洽當事人詹姆斯．法拉爾。對方答應後，我們就約在一家工人咖啡館見面。詹姆斯從二〇一四年十二月起開始給優步開車，之後又和他人共同創立一個名為「私人出租車司機聯合工會」（United Private Hire Drivers）的組織，也就是計程車司機的工會組織。他原先在一家科技公司工作，二〇一四年遭裁員失業後，便加入優步司機行列，理由是想用一般工作時段鑽研自己的新技術專案，晚上和周末才出來開車載客。因此，他基於「很傳統的理由」，受優步模式吸引。

「我希望從優步得到工作上的彈性，但很快就發現這是個騙人的制度，我是說，大家其實都被嚴重剝削了。」[19]

我們進了咖啡館，各點一杯咖啡後坐下，同時不斷有身穿反光背心的男性出入咖啡館。我們談了一會，話題便轉向優步對計程車產業帶來的好處，因為詹姆斯其實並不希望優步遭政府禁止營業或趕出英國：「我不覺得應該要禁止優步……我們的重點是要幫勞工爭取更好的環境。」

詹姆斯認為，許多計程車司機為了擺脫傳統車行的苛待與控制，便加入優步平台載客行列，我訪談過的很多其他司機也有相同的想法。這些司機相信，沒有車行，只有程式，就能避免調度員感情用事，全依個人好惡派案，造成司機龐大壓力。

「科技的好處，還有自動派案的好處，就是可以把調度員排除在外。我是說，這些人可以決定你和你全家下星期有沒有飯吃，有的司機賺到吃飯錢，有的卻得餓肚子，而且如果他們要弄到你失業，還不簡單——只要不派乘客給你，讓你閒著沒事幹……我想有些人寧願用優步接案，單次少賺點錢，也想趕快離開那些爛計程車公司。但是程式也慢慢變成另一種怪物了。」

在零工經濟中，只要能掌控程式演算法，就能操控輸入程式的內容。可是，在科技烏托邦裡，卻要求被演算法管理的人接受程式，同意程式是中性的存在，即便在現實中，程式就是基於利益而打造出。很多時候，透過程式尋求工作機會的人，其個人利益都與程式的利益相悖。舉個很有趣的例子：在我訪談過的司機中，有些人並不信任程式演算法，他們認為程式才不會把案子派給距離最近的司機，詹姆斯就有這種想法。不過，重點是沒人能知道演算法實際的設計，不確定程式究竟是否根據駕駛得到的評分、創造的利潤或上線時間長短，在派案時給予差別待遇。

身為勞工，你無從過問演算法究竟得到什麼資訊，根據哪些資訊執行，就像你也無法預測傳統調度員的喜怒哀樂。「請儘管相信我們。」矽谷資本家都這樣告訴他們的包商，他們正是靠這些承攬人的服務貢獻，才能功成名就。

在理想情境中，優步希望倫敦街頭時時刻刻都有優步的車在跑，但對司機來說，不是每個時段出門載客都有好處。舉另一個親身經驗為例，星期二晚間，我從薩里的米查姆驅車前往西敏寺一帶，一路都沒聽到程式發出通知聲。雖然這工作有一點彈性（可以決定什麼時候開關程式），但也漸漸讓我感受到壓力，因為要是想賺錢的話，出門工作的時段其實大有影響。

「如果不做早班，周末晚上不出來載客，就沒什麼搞頭。」詹姆斯對我說。

用卡拉尼克的話來說，優步的最終目標即是「把運輸方式變得更可靠，像流水不停流動，不曾中斷，隨時隨地都能服務所有人」。關鍵就在即時回覆。能有一群司機不斷繞著倫敦跑，乘客就能隨時從口袋掏出手機，打開程式，找個剛好在附近的司機來接你，幾秒鐘就能搭到車。即時回應的模式，正好能解釋優步為何能不斷透過倫敦交通局招來大批司機，送他們上路載客，永無休止地賣力工作。

優步相信市場可以不斷擴張，並以此建立其商業模型，方式包含壓低載客價格，壓到遠低於傳統計程車業者的報價，好挖掘出原本遭壓抑的需求——用行話來說，也稱為「流動性」。可是，優步似乎也相信他們可以永遠採行這套方式，而從未限制司機人數上限。優步認為，如果他們可以不斷擴張市場，表示會有更多司機削價競爭，同時又因市場變大，司機本身也能提高收入。這對所有人都有利，至少優步是這樣說。

二〇一五年，優步引用紐約的統計資料，證明紐約司機每小時的收入比前一年增加6.3％，而且是在司機人數增加的情形下。不過，詹姆斯對此抱持懷疑態度，認為長期下來「只會違反一切經濟原則，破壞供需平衡」。

「如果你放任大量司機隨便喊價，進入市場，工作就會被搶光，因為人太多了。所以，如果你壓低價格，擴張市場，本來壓抑的供給和需求就會出來，這很明顯，短期之內大家也會覺得很讚，但一直下去，就是拖所有人下地獄，不是嗎？」

一旦司機端的供給超過一定水準，整個供需系統便會產生許多人力浪費，但優步只能預測系統中的流動性，無法操控數量，畢竟哪有可能計算未來還能開發的乘客人數？重點在於：誰要負擔浪費的成本？在詹姆斯看來，是司機要承擔。有時，特別是在倫敦人這麼多的城市，上路的司機人數遠超過乘客需求，就會出現僧多粥少，有人賺不到錢的情形。可想而知，優步才不會公佈倫敦司機每小時的收入數字。

「那，什麼是『網路效應』？比如說我拿電話起來，會聽到嘟嘟聲，對吧？如果電信公司忙線，就連嘟嘟聲都沒有，這樣你會高興嗎？……要等二十分鐘，你才不要等那麼久，搭優步也是這樣……為了讓尖峰需求得到滿足，就要有更多司機在路上跑，超過需要，這樣乘客就一定都有車搭。」

一登入程式，司機就開始為平台服務，就算沒人坐進後座，也要待命。二〇一六年的判決中，法院也提出這點，並引用十七世紀偉大詩人米爾頓的話：「佇立等待，亦為侍奉。」這服務之所以成功，正是建立在一大批剩餘勞力上，他們在倫敦四處跑，乾等電話響起，優步不會因此有任何壞處，個別司機卻會蒙受損失。藉由不斷擴編這支自雇承攬人大軍，公司便把風險轉移到我們身上來。

「除非自己挖掘資料，親自分析，否則這顯得很不直觀。」二〇一六年，優步時任英國區總經理貝雀（Jo Bertram）曾這麼對《衛報》說。那麼，為了接受優步顛覆傳統經濟法則的方式，你得先相信幾個前提。首先，優步會在線上司機人數達到飽和，且司機閒置時間增加時，停止派出新司機，可是我們都知道，司機閒置時間早就增加了。在這樣大眾運輸費用相對便宜的都會，且道路空間有限的情況下，臨界點必定存在，並不需要數不盡的司機上路載客。

再來，你也得相信雖然這公司是由蘭德哲學追隨者所創辦，但他們會將司機的權益放在心坎裡。事實上，優步極力免除任何對司機夥伴應負的義務，比如假日支薪與最低工資，當然，這又是另一個故事了。

綜觀歷史，都是窮人負責給齒輪上油，維持馬車前進的動力，至於舒舒服服坐在車裡的人，頂多漠不關心地望一眼罷了。不過，若是情況如此糟糕，為何優步司機不乾脆撤出市場，改行做別的事？他們幹嘛不「自己搞定」？就像所有蘭德粉絲都會主張自主權一樣，司機大可不幹。

有些司機不想離開。我在希斯洛機場的授權停車區和一些司機聊天，有些人就說他們在優步開車開得挺高興的。其他人則認為，這是個人選擇。想要有真正的自由，那也得有收入、存款或養老金可以依靠，至於有多少自由，通常也取決於口袋裡有多少錢。

我也和另一位移民司機阿曼聊過，他已經在優步開了兩年車。我問他對勞工個人選擇的看法，並問道，如果環境真的不好，司機為何不乾脆停止用平台找乘客？

「大概是因為他們都是移民，你知道這個吧？我是說，他們也沒什麼選擇……以前大家都在廚房打雜，做服務生之類的，現在有機會開車載客，就試試看。總比之前那些工作好，所以大家都很滿意，不是嗎……他們之前做其他工作，就被剝削過了，比起來，現在可以拉高工時，比以前賺更多錢，有些人一星期大概還做了九十、一百個小時吧。」

「我以前會跟我朋友他們說以後會怎樣怎樣。我會跟他們說優步是好東西，我們可以獨立自主，就算載一次客人收比較少錢，還是可以比其他車行賺得多。但是，他們開始慢慢發現現實情況，以前開過小型計程車的，顯然都不喜歡優步，覺得沒比較好，但有些以前在餐廳之類地方工作的朋友，我不會說過得比較好啦，但比較能接受。」

若司機預期準確，在酒吧和俱樂部開始散場時，前往人潮湧出的地段，就能利用「動態定價」增加收入。在乘客需求高於司機人數的地區，司機可能單趟載客就賺取高達三倍的車資。這可鼓勵司機移往高需求地區，讓乘客都有車搭，心滿意足。提高車資可激勵駕駛，也能調整全城各區的計程車分佈失衡。不過，一旦大眾習慣低價，你便從此無法完全擺脫這追求超低車資的心理。

「優步做的就是，讓乘客習慣這個非常非常便宜的服務，只要一漲價，他們就覺得被敲竹槓。」阿曼表示，他形容乘客「會怪到司機身上」。

「就算知道不是司機的問題，也會給司機低分。」

「我們都知道，只要漲價，評分就會下降。」詹姆斯說：「怪我囉？我是說，這只證明影響評分的因素，都不是我可以掌握的。如果公司既要談績效管理，又控制我的評分……就會逼人開始不擇手段，所以你會看到很多司機的評分一旦開始下降，他們就會提供薄荷糖跟水之類的額外服務。」

「有些司機夥伴會自行提供飲水給乘客。」職前訓練時，有個優步的人便曾這樣暗示我們：「有些司機夥伴會提供小點心，你可以自己決定要不要這樣做。」

此外，和司機聊天的過程中，他們也提到，隨著車資下滑，乘客的態度也越來越不尊重，感覺上乘客把他們當作僕人看，專供這些尊貴的倫敦人呼來喝去。

「因為這工作收入很低，假如你做這種工作，很遺憾，大家都會看不起你，懂吧？人家才不會尊重你咧。」阿曼這樣說。

每個人都有一套應對難搞乘客的辦法。如果乘客太勢利眼，我會跟他們說一個曾曾祖母的故事，說她老人家可是在白金漢宮出生的貴族，好嚇嚇他們。這通常會讓客人覺得很困惑，讓他們沒辦法再炫耀自己的家世。有些司機更辛苦，因為他們不是英國本地出身，就更難擺脫這種困境。

星期六半夜，開車到西區附近，可能會看到某個索馬利亞或巴基斯坦出身的年輕司機，接到酒醉的乘客，對方卻不願搭他們的車，還在車子行進途中，便瘋狂開關車門，年輕的司機只能束手無策地和他們打交道。或者，乘客可能堅持要在車上抽菸或其他車內不宜的事。你就是來服務倫敦上流社會的，應該安靜順從，迎合他們偶爾興起的怪念頭，就像狗聽了農夫命令，便乖乖繞著農場跑。你只該留在背景裡，在別人說自己的故事，提起他們在這城市無形階級的位置時，你只能是故事的背景。

因此，在司機的眼裡看來，評分系統不總是有益的。職前訓練時，公司便暗示我們，乘客給司機評分前，就能先看見司機給他們的評分，這樣你當然不想給乘客三顆星以下的分數，免得他們反過頭來用低分對付你。有一次，因為一位女乘客用罵小孩的方式和我講話，我只肯用四顆星討好她。

「這是最糟的。」阿曼說：「乘客一上車，就開始叫你做這做那，我以前會照做，但現在我會跟他們講，如果你不想尊重我，我就不開了，你給我下車……有一次，我去蘇活，有些地方人很多，同個地點一次有二十個人想叫優步的車。他們通常剛走出夜店，你最好鎖上車門，他們會發酒瘋要開你車門，一直問：『你是我叫的司機嗎？』有一次，我鎖上車門，有個傢伙走過來想開，我問他是誰，想確認一下，結果他說：『你他媽給我開門就對了！』然後我就打開程式，取消這個行程：『我不載了，我取消了。』然後他就開始拍照，一邊說：『我要檢舉你。』」

阿曼相信，乘客招車時，心中預期的車資逐漸降價，這多少影響他們對司機的態度，車資越低，便越不尊重司機。

「這和費率有關，你知道……不管需要哪種服務，如果要付很多錢，通常會比較尊重對方。我是說，就算是同樣的工作，付錢買同樣的服務，很不幸，只要比較貴，客戶就會比較尊重服務的人，不管有沒有因此幫上更多忙。」

如果後座的人踹你椅子，除了取消行程（但太常這樣做的話，優步可能會找你麻煩）或報警，你確實也無能為力。

「我們一次就有三萬輛車在倫敦大街小巷跑，竟然沒有二十四小時支援？」在工人咖啡館碰面那次，詹姆斯便反問道：「沒辦法打電話找人求救，沒半個人可以幫你。」

透過優步載客滿十趟之後，優步會恭喜你，並興高采烈地通知：「現在，UberPOOL 已經解鎖了！」這是另一種乘客選項，乘客開啟程式時，就會看到 UberPOOL。他們仍然可以選擇原本的 UberX，用標準費率單獨搭乘，或改用 UberPOOL，如果找到順路共乘的其他乘客，就能省下部分車資。很多司機都不喜歡POOL，至少和我聊過的所有司機都痛恨這玩意，因為要是載到彼此不認識的兩、三個醉客，他們可能自己會起衝突鬧起來，讓司機頭痛萬分。另外，也因為相較UberX，共乘會壓低平均單趟車資，自也不受司機青睞。

不過，訓練講師卻曾信誓旦旦告訴我們，說接下UberPOOL的案子，會帶給司機更大的好處。

「我打包票，真的是這樣。我們會盡可能幫大家配對更多行程，因為這對司機夥伴來說有好處，可以讓大家多賺點錢。」

我把這些話講給阿曼聽，他便笑了。

「UberPOOL，UberPOOR，司機都這樣叫。賺的錢只剛好應付生活開銷，而且他們給乘客固定價格，就算你遇到塞車或花比較多時間過去，也沒有差別。車資裡面先給乘客打九折，然後他們自己拿走35%抽成……」

二〇一六年夏天，詹姆斯接下一次UberPOOL的工作，便經由親身經驗，證實共乘的確可能引起衝突。那次他到肯辛頓載了兩名乘客，兩人都沒發現自己是用UberPOOL服務叫車，結果兩個男乘客便動手攻擊已經在車上的女乘客，事件還上了報。

「他們可能是醉了吧，之類的，然後我車上已經載了一個女生，他們就吵起來，兩邊都不想共乘……結果鬧得很難看，很可怕，他們要揍她，把她拖下車，還釘在牆上。」

詹姆斯想保護女乘客，兩個男的便也攻擊他。事後優步回應，表示他們一向「給乘客清楚的資訊」，讓他們在選取 UberPOOL 時，告知會選擇共乘。[20]不過，詹姆斯沒把這話當一回事，還希望禁用這服務——至少得在應用程式內加上一個緊急呼救按鈕。

「以前別人會跟我說，如果在車行開車，遇到問題就用無線電呼叫求救。調度員會知道你人在哪邊，叫其他人來……車行會有一大堆人過來，看到底發生什麼事……多一些人一定有幫助。」

這也正是優步駕駛和其他「零工」經濟工作的問題：一切都歸於冷冰冰的原子化作業，根本沒有任何夥伴和你同車。只有你一個人，困在金屬殼子裡，全聽一套演算法指示，在城裡到處跑。與其說是自主，不如說是孤立。你有更多個人空間，卻像阿曼說的，感覺「只是一些數字」。

「對他們來說，我不是人，只是數字。」我們離開咖啡館，散步走回各自的停車處。我們已經聊了一小時，該再上路載客了。畢竟，如果車子不跑，你就沒錢賺——有句商業上的病態格言就是這樣說的。

20

根據經驗，很多來搭車的乘客都不想聊天。當然，你也不想強迫他們說話，要是搞得像個太熱情的服務生，一直追問「今天餐點滿意嗎？」很可能會讓你慘遭低分回報，那不如閉嘴。

話雖如此，偶爾還是有乘客開口，問你對優步的看法如何。他們通常已經看過相關新聞，知道暗地裡有些認定司機自雇身分的爭執。「所以你們都沒有放假，對嗎？」某晚，我載了一位中年女士，到她家門前時，她便這麼問。「有放假。」我回答：「但一放假，他們就不會付錢。」「那也太辛苦了！」她不敢置信地回答。

就算呈現事實，我想，多數有理智的人也不會相信這些事情。畢竟，自食其力，開始自雇為業，便喪失勞工或受雇人的權益，但相對的，你也理應保有更多自由，應該是有失必有得吧。

事實上，開始在優步開車後，每天什麼時候出門，什麼時候打開程式，我並沒有太多決定的自由。目前，已有數宗進行中的勞動訴訟，在爭執零工經濟中的勞工地位問題，但「公民諮詢」（Citizens Advice）認為，共有多達四十六萬人遭誤認為自雇者。[21]這會導致納稅人每年損失高達三億一千四百萬英鎊的稅收，以及雇主少支付的國家保險費，而且這些勞工也無法享有前幾代人辛苦爭取來的權利。倫敦幾家大型運輸業者也利用自雇型態，將很大部分的營業風險轉嫁到承攬人身上，其中一種有效手段是「補充滿額人力」，確保顧客下訂單時，附近就有單車快遞員可以處理。

「快遞公司接到的工作，都是一批又一批地來，也沒人能送，所以他們試了這種方法，盡量補足人力。」名叫史考特．卡德曼的單車快遞員告訴我，並說，如果真的忙起來，這倒無所謂。

「但包裹比較少的時候，我們可能根本沒事做，還是要出去。」史考特繼續說道。

史考特在西區一家小型快遞公司當單車快遞員，他說這公司「算是比較不爛的蘋果」。這工作可以讓人忙得開開心心，也會閒得令人發慌，對於像史考特一樣的快遞員而言，總有些魅力所在。當了優步司機後，我也開始理解這種工作型態的好處：運氣好，一天能賺個一百鎊，就能彌補生意清淡的時候，截長補短，不怕自己賺的錢太少，連房租都付不起。如此一來，從事零工經濟本身的誘因，類似吸引大家走進賭場或賓果遊樂場的手法，都是提供無法預測的獎勵，藉此刺激你，勾住你的心，把你拉回來。於是，你又把手伸進口袋，掏出錢來買籌碼，希望戰勝機率，滿載而歸。就像玩吃角子老虎，不確定自己是否能獲得回報，想來就令人興致高昂。

「感覺很刺激啊，一直接工作，就像累積分數一樣。」史考特向我坦承有這種想法。

「知道自己一天可能賺超過二百鎊，想到都覺得興奮，就你一個人，騎一台車，用兩條腿，一個運送袋，一發就中。感覺真的超讚。」

工作多的時候，史考特一天可能就得騎上六十英里。有時候，送一趟貨只要到幾個街區外，五分鐘的路程，有時卻得騎到市內的另一頭。不少快遞公司都採單一費率，每趟送貨支付二到三英鎊，表示就算你多騎幾英里路，也不會拉高收入。身為自雇承攬人，快遞員不受最低工資法規保障，就像我為優步開車，也不能主張相關權益。所謂自由，有時可以解釋為打開自己錢包的自由，然後看見裡面啥都沒，只有幾團髒棉絮。史考特說，他有時工作一整個早上，賺的錢只夠買杯咖啡喝。

二〇一二年十一月，快遞公司「都會疾送」執行長葛拉赫向商用車雜誌《車隊新知》表示：「如果你用每件工作來計費，不是付時薪，那他們就會認真工作。」這話倒是說得很誠實。[22]都會疾送的快遞員是論件計酬，每次送貨大約只拿三點五鎊。儘管單件費率比較高，一小時大概還是得做三件工作，扣除必要費用後，才能拿到足以正常生活的工資。結果，快遞員得騎車在倫敦街頭奔波，送完幾件貨，拿到的錢也只能在酒吧裡買份炸魚薯條吃。

「大部分是這樣。」我向史考特請教快遞員在論件計酬的情形下，一周的收入波動情況，他便給我這答案。

「有些人願意接很急的急件。我昨天遇到一個人，非常非常滿意他的新工作，他說開始自雇以後，他能應付所有支出和繳稅，一天大概就是賺六十英鎊。」史考特不斷強調這數字——「六十鎊錢啊！」

拿到付款單以後，承攬人要先扣除一些必要費用，有時扣完了就沒剩多少錢。當優步司機正是如此淨利微薄，一星期租車的費用至少二百英鎊，還要加油、洗車，加上違規停車罰單，也是不少開銷。因此，有些司機工時長得嚇人，仍只能打平收支。一開始，優步似乎還樂見其成，在網站上公開鼓勵司機一周工作個六十五小時。[23]

為了過日子，很多快遞員之間便培養出獨特的同行情誼，彼此扶持。工作上都是獨立作業，但他們會約彼此喝酒，舉辦搞笑賽車比賽，有好處總是想到這些同伴，有些人還住在一起。我和史考特碰面的地點附近，就有不少快遞員在此合租公寓。

「我會說這是因為我們過得很辛苦，就培養出這種感情……可能跟喝酒的文化也有關係啦。」史考特說。「以前快遞員都會上酒吧，現在去不起了，只能在腳踏車店前面，和賣酒的店前面碰面……買幾罐啤酒，在巷口就喝起來。」

這種共患難的感覺，很像我在南威爾斯見過的礦工情誼。「我們會讓各位都培養出『綽德加』精神。」四〇年代，貝文創立NHS時，曾對全國發表如此談話，他的意思是要將「綽德加工人醫療互助會」（Tredegar Workmen's Medical Aid Society）的原則拓展到全國。此互助會是由健康的人捐款，資助有病痛的人就醫。「倫敦快遞人員緊急救難基金」（London Courier Emergency Fund，LCEF）則採自助付費系統，方式大同小異。這個基金由快遞人員自行經營，只供快遞員使用，在因傷超過兩周無法出門送貨時，可提供至少一百五十英鎊的救助金，若情況特殊，可能給付更高金額，平日以販售商品為收入來源，全年各季也會舉辦比賽與活動來籌措財源。

「假如一整個星期都下大雨，還要出門送貨，或摔進人孔，砰，工作就別想幹了，然後沒錢過日子。」史考特才二十二歲，說話的口氣卻已憤世嫉俗起來。

不過，隨著我繼續探索這個臨時工的世界，史考特的話反而顯得越發真實。這世界經過重新包裝，表面上看來迷人又新潮，實情並非如此。我找上另一位單車快遞員丹訪談，他說曾因手臂韌帶受傷，被迫休無薪假。為了在無力工作期間賺取生活費，他去申請了「就業支援補助」和房屋津貼，好支撐到能回去騎車為止。

據美國快遞界人士預估，若企業不用員工，改用獨立承攬人來完成工作，最多可降低25%的直接成本[24]，這些成本中，至少有部分轉嫁給國家，也就是轉到納稅人和其他勞工身上。由於許多從事零工經濟者的收入都很微薄，一旦有病痛，只能申請社會救助。因此，納稅人就被剝了兩層皮——第一次是雇主減少原本須繳的國民保險費，轉由納稅人負擔更多支出，第二次是零工人力有需求時，只能向國家求援，這時所發放的津貼，自是來自稅收。

從個人角度來看，冒險放棄基本勞工權益，應當在工作上換來所謂美好的許多彈性。理論上，像史考特這樣的工作型態，應該能同時在好幾家快遞公司接案。我提出這點，他聽了卻笑起來。

「那樣的話，你要隨時待命，同時應付好幾家公司，沒有比較好，真的啦……你可以想像一下，那樣會變得很尷尬。你從優步程式接一件案子，然後都會疾送也有一個，兩個案子在相反方向，要怎麼辦？你要推掉哪一邊？會有什麼問題？如果推掉都會疾送的，下星期調度員就可能搞你，如果推掉優步的，你知道，就更可能被禁止接案。所以你說的這種方法不太實際。」

不論程式演算法看起來多厲害，果真都能給人「自由」和「自主」，可以拒絕不同快遞公司的工作嗎？我也問過丹的看法，他直接說了句：「才沒咧。」

「有好多次，我聽到有人被公司威脅，說他們再推掉工作，就炒他們魷魚，也有人真的這樣被踢掉的……我覺得這整個很怪，什麼炒你魷魚……我是說，我明明是自雇，我就是自己的老闆啊！」

在零工經濟中，究竟勞工是否果真屬於自雇，最後還是交由法院論斷吧。不過，我總覺得有很多假資訊排山倒海而來，不僅誤導透過程式接案的使用者，也影響大眾對「零工」經濟本質的看法。我想，若今天那些大力讚頌零工經濟的人，哪天自己做起維持整個倫敦運作的低賤工作，可能也會痛苦地跪倒在地，又累又病，倒臥不起。

儘管從事零工經濟的承攬人開始心生不滿，記者與評論家似乎卻更認同虛言，主張勞工權益與所謂的自主和彈性勢不兩立。有次客人下車後，我坐在車裡，便聽見有個人在廣播電台裡發表意見，講的就是這一套：就是個狀似理性中立的電視名嘴，主張司機其實不需要最低時薪保障，因為我們更重視工作上的彈性。這番話把爭取快遞員、司機和乘客權益的作為，通通打為多管閒事，說這根本是在剝奪勞工的自由。其實，將「勞工權利」與「工作彈性」錯誤二分的論調，正是從部分企業直接散佈出來的。戶戶送創辦人威廉．舒（William Shu）便曾批評英國法律混淆戶戶送快遞員的地位，說快遞員本就不該享有勞工與受雇人的相關保障。二〇一七年初，舒向美國網路媒體「BuzzFeed 新聞」表示，戶戶送「當然樂意提供更多權益和安全」，但那樣的話，快遞員就不能自己決定工時，喪失原本的工作彈性。「簡單說來，就是如此。」他很有自信地加上一句。[25]

勞工權益與工作自主之間，本無須劃清界線，所謂的「工作彈性」又更糟，本身就是個令人起疑的概念。二〇一六年，法院判決法拉爾與阿斯蘭贏得控告優步的訴訟，優步此後不能再將當事人歸類為自雇駕駛。判決結果出爐後，優步當時的英國區經理貝雀即表示，多數優步司機都不想被歸為勞工，希望保有「自雇身分，做自己的老闆」。

「絕大多數透過優步程式接案的司機，都想保有自由和彈性，自己決定什麼時候出去載客，去什麼地方載客。」貝雀補充道。換句話說，我們得到的資訊是：若司機取得勞工身分，最初吸引許多人來優步的優點便會憑空消失。你要不乖乖接受自己的獨立商人身分，加入其他獨自奮鬥、孤立無援的獨立商人行列，同樣自力更生；要不成為受薪員工，工時固定，每天固定時間上下班，公司叫你做什麼就做什麼（某種程度上，你現在也是這麼做）。

不過，這話有點像是主張愛吃香蕉的人，無須擁有香蕉園的權利，可說前後邏輯不太連貫，因為這根本是不相干的兩回事，沒有因果關係可言。不必深究暗沉繁複的勞動法規世界，便可找到許多臨時工、自由接案和自雇者擁有勞工身分的實例，他們照樣享有假日支薪等權益，而且許多臨時工同時保有自主權和特定法定權利，兩者間也未曾產生激烈衝突。比如二〇〇二年的一件經典案例，當事人是一位自雇細木工，專接某家建築公司的案子，雖然當事人自備工具、自行納稅與支付國家保險，法院最後仍判定他具有勞工地位。[26]

根據法院定義，只要基於雇傭契約（或暗示雇傭目的之契約）而工作者，且無權差使他人實行自己之工作內容，即屬「勞工」。勞工也並非個人職業或業務之客戶或顧客。在最近三起優步、都會疾送與「平立科管線工程」（Pimlico Plumbers）分別涉訟的案件中，法院也將所謂的「獨立承攬人」認定為勞工。法律本身或許並未清楚說明，但目前的確允許雇主打迷糊仗，逃避該負的責任，就像有人說過的，有些人就是不喜歡為自己負責。另一方面，雇傭法規也要求個別勞工主動起訴，救濟自己的權益，法院判決卻不會自動適用到同產業的所有人身上。

我確定，零工經濟的勞工通常都喜歡工作上的彈性和自由，樂於自行決定工作內容和工作時間——但前提得是工作有意義。絕大多數時候，我自己的情況的確符合，如果我很閒，我可以隨自己高興，決定是否出門工作賺錢，這份自由的確令人受用。能夠自行關閉程式，暫停接案，不像之前其他工作，隨便開小差一定會被主管痛罵一頓，相比之下，簡直是呼吸到新鮮空氣般宜人。

但是，真正自己經營事業的人，想必也有權利決定要接什麼工作，並推掉屬於報酬遞減（譯註：diminishing returns，經濟學術語，意指相同條件下，消費增加，每單位獲得的效用卻減少，即付出越多，獲得的滿足卻未等量增加）的工作。你也會猜想，如果接到困難的工作，他們是否也能自行設定費率，讓自己獲得合理報酬？如果無法決定費率，那他們就應該獲得法律保障，基於受企業控制、指揮與監督者的身分，享有相應權利。

那麼，優步司機通常能賺多少收入？

如果我說「看情況」，顯然是個老套的回答。不過，我確實認為，要摸索出特定趨勢是有可能的，據此，就能證明有些司機對收入的不滿所言不假，即便每個人出門載客的時間長短不一，抱怨也非空穴來風。優步聲稱合作的司機一小時平均可賺取十六英鎊的收入，實際上，在扣除必要費用之後，我賺的比這稍微少了些。

有許多因素都會影響收入：租車或自備、車輛型號、出門載客的時段、居住地區、夠不夠走運，能碰上招車潮？還有接到多少 UberPOOL 等等。

試計算：扣除必要支出前（但要再先扣掉優步從每筆車資抽取的25％手續

費），每周以工作四十小時計算，約可賺六百七十鎊。當然這和實際情況總有出入，但我本身應該不算特別優秀或蹩腳的司機，只是很了解倫敦的人潮分佈，知道哪時該出門到哪邊找乘客，所以這估算應屬合理。

如此一個月就是二千九百零五鎊，年收入約等於三萬四千八百六十鎊。然而這些數字沒有太大意義，因為還沒扣掉任何必要費用，不是實際可動用的金額。

要扣掉哪些費用呢？首先是油錢。保守估計，一星期加油費就得花七十鎊，而一個月要花二百九十鎊。還要洗車，要是不好好洗車，乘客會嫌車髒，評分就會掉，所以一星期要花十六鎊洗車。洗車費看起來很多，其實在一星期開車四十小時的情況下，這不算什麼，而且為了加快速度，我選擇多花點錢，請兩位洗車員人工洗車，再用機器清洗兩遍。

另外，你一個月至少還會接一次罰單，像我第一天上路就被開罰。乘客會在各式各樣的地方叫車——公車專用道、圓環、公路旁——不巧，倫敦交通局現正擴大取締停車和交通違規行為。詹姆斯．法拉爾接受我訪談時，便告訴我交通局「從早到晚都在發駕照，隨後馬上派執法人員來，講一大堆，什麼過度擁擠的問題，最後只是要告訴你該罰多少錢。」每個月，你還得花一百鎊繳罰單，這還算小心守法的保守估計。

除了車子本身的花費，使用手機額外數據流量，每星期也要再花五英鎊，至於交通局年度檢查與交通部半年一次的檢查，一年下來也要耗費二百英鎊。這些都不是最大部分的開銷，最花錢的還是租車。我開的這輛福特 Focus，一星期要花掉我二百零二鎊租車費，一年共計一萬零四百九十二鎊，這還是當時車商車庫裡，費用最低的車型。租車費中有一筆二百鎊的押金，當時還是因為我夠小心，租車時就先對車上本有的刮痕拍照存證，讓車商沒辦法索賠，才拿回這筆押金。

乍看之下，直接買一部車好像更合理，但很多司機都沒辦法一口氣投入這麼一大筆錢（別忘了，優步公佈的數據裡，有多少司機都是貧困地區出身）。比方說，考慮到要在優步開車，最便宜也最省油費的車款大概是二手的豐田 Prius，你差不多也要花五千鎊，才能買到一部堪用一年以上的車。自己買車，還得自行負擔保險費用，一年可能得花掉三千鎊，如果跟車行租車，就交給車行煩惱吧。

扣掉上述費用後，再扣除稅額後，我一年還有一萬五千五百九十七鎊，看起來不多，尤其是要在倫敦市內生活，得自掏腰包修車、看病和度假，確實不算充裕。阿曼還說，家裡兩個孩子期中放假時，他會休假在家陪他們。

「所以，一年裡有幾星期，我是沒辦法賺錢的。」他說。幸好阿曼的太太也有工作，不過問題在於，他或我們多數人一遇到這種情形，都得從日常預算中挪出一筆錢，好應付這些偶發狀況。

以上的估算都是根據UberX的標準案件收入計算，費率如下：起跳車資二點五鎊＋每英里一點二五鎊＋每分鐘零點一五鎊，最後扣除優步每案抽取25％傭金，才是司機拿到的收入。

如果你都接UberPOOL的案子，優步會抽35％傭金，收入可能更少。可是別忘了，你可沒有權利對這些案子說不。在職前訓練期間，優步的人便挑明，說我得接這些案子，沒得選擇。

「我知道，有些司機夥伴不想用POOL，但POOL是派案的一部分，是夥伴簽約的條款和條件裡要求的，如果你一直不肯用POOL，系統就會通報……我們會需要找出原因，知道你為什麼不接這些案子。讓夥伴上線的目的，就是讓我們知道你可以接案，可以賺錢了。」

詹姆斯告訴我，所有司機都「死命反對這東西……因為POOL做的就是……增加優步的市場，增加他們的利潤和生產力，但對司機來說，都是反效果……」

在本書將近完稿之際，優步正好與交通局和司機起了衝突。二〇一七年九月二十二日，交通局決定在優步執照到期後，不再發放新執照，此將導致優步無法在倫敦繼續合法營運，但優步可再提起後續救濟。交通局在聲明中表示，優步「面對許多涉及公共安全疑慮的問題時，應對處理皆欠缺企業責任感」[27]，包含：優步通報重大犯罪行為並不確實；採用Greyball技術，迴避公部門追蹤優步程式；以及要求司機醫療證明與無犯罪紀錄的方式，亦不合規定。

數日後，優步便起訴爭執交通局決定——亦即結果確定前，優步司機不會立刻失業——並且，公司似乎也願回應交通局提出的幾項疑慮，開始改變部分作為，畢竟若不加以理會，優步可能會被踢出手上數一數二賺錢的市場。

二〇一七年，也有許多從事其他「零工」的人，將不滿之情更浮上檯面。七月份，在兩名機車快遞員遭潑酸攻擊後，約有二百名快遞員集結在國會外，發起抗議，他們多是與優食（UberEATS）和戶戶送合作的快遞員。「拒絕硫酸攻擊！」抗議人群不斷重申：「遏止潑酸攻擊、解決單車竊案、終結機車犯罪案件！」[28]近年來，倫敦潑酸攻擊案件大幅增加[29]，受害者包含騎機車送貨的快遞員，遭懷有惡意的加害人盯上，潑酸攻擊後，搶劫車輛或財物，事件引起許多快遞員不安，決定上街抗議。

零工經濟中，部分最舉足輕重的工作，都是由大英獨立勞工工會（IWGB）的會員所從事，運輸業部分，相關從業人員則多加入私人出租車司機聯合工會——也是IWGB的分支。在我寫作本書期間，IWGB正與戶戶送進行仲裁，有望促成零工經濟的第一份團體協商協議。我訪問了IWGB祕書長摩葉里，詢問他為何顧客也應關心零工經濟的待遇問題，比如優步司機與餐點外送員與業主簽訂哪些條款與條件，他的答覆真讓我難以忘懷。

「重點是，如果我們不及早根除這類問題，隨著零工經濟型態不斷發展……明天我們可能一早醒來，就發現再也沒有任何勞工權利了。」

不論是叫外賣、從酒吧叫車回家，或在等茶泡好期間，網路上按按滑鼠下訂單的人——每個人都有可能是下一個。

後記

打從一開始，我寫這本書的目的，即非提出任何解決之道，只求吸引讀者關注特定議題，最好能夠改變一般看法，推翻成見。我不是什麼政治人物，也不懂如何擬定政策，但身為寫作者，我想，我可以出去看看這世界，並盡可能確切描述我的所見所聞，令我所寫更有價值。

最重要的是，一方面我想描述「中產英國」的優渥，一方面想寫出那個陰暗、不安穩的低薪世界，寫出房東的專橫、老闆的無良與勞工的絕望感，我想呈現出兩者之間的衝突。

有時，我遇見的人幾乎要將我當作闖入者，一個從遙遠陌生的階級來的怪人。「你幹嘛來這裡？你看起來不像當揀貨員的啊？」曾有個亞馬遜的女同事問我。這話並無惡意，只是在她看來，依我這年紀，我顯得異常健康、外表看上去太年輕，有種很英國人、很中產階級的樣子，不像會來做這工作。朋友也有類似的疑問，不太相信我怎麼能一直隱藏身分，並非我有什麼名人相，我只是為了寫作低薪主題而去蒐集素材，應當不會像個公眾人物一樣被人認出。他們指的是我的社會地位：

「難道，別人發現像你這樣的人，竟然在做這些工作，都不會覺得奇怪嗎？」

換句話說，某類人得到這樣的工作待遇，算是稀鬆平常，但若發生在別人身上，就成了不太光彩的事。我早有親身在兩種世界間遊走的經驗，因為我成長的背景也不很優渥富足，距離奔波在倉庫間的黯淡人生，也不過幾步之遙，雖然我但願離得更遠些。這一切讓我想起作家歐威爾，依他對細節的真知灼見，或許會把我的背景經驗稱為上下中階級吧。如今，我也可能只找得到一份不穩定的工作，以此為唯一收入來源，甚至在我坐下來寫這本書之前，我便知道，要落入低薪世界是多麼輕易的事。我也發覺，在階級梯階上，很多人只站在稍高幾階處便心生優越，這優越卻僅是虛妄。能使個人在社會上產生優越感的所謂「才能」，跟前首相卡麥隆說出「我想我能做得不錯」的自信，兩者都沒多少斤兩可言。

本書描述的許多現象之所以發生，是因為菁英主義的信條廣為接受，許多人相信應由能力卓越的少數人來管理社會。從菁英主義的角度來看，政治人物有責任鑑別人群優劣善惡，像聖經所說的「區分出山羊與綿羊來」。如果某人欠缺好工作所需的才幹，那麼他活該得到一份爛工作，前途無望。我們所用的整套政治語彙裡——包含社會流動、天資聰穎但家境清寒的孩童、菁英教育的文法學校——這些詞彙專用於形容拉拔少數的方式，同時也說明不會波動到整體環境。

在思考這類問題時，二〇一七年，英國人針對文法學校所發生的爭論，可說頗具啟發性：要是哪個孩子在十一歲的中學入學考失利，可能一輩子都得做無趣、缺乏成就感的工作，而大眾似乎頗能受這套「一試定終身」機制。只有在遇到某個「天資聰穎，可惜家境清寒」孩子考試失常時，才會引起討論。至於其他順利通過的人，則是想做什麼就做什麼，前途任君挑選。

從統治階級的角度來看，這套制度很有道理，畢竟統治階級都希望栽培最有才華的人，不想把資源花費在只是家財萬貫，有個大股東父親的孩子，或只因哪個人貴為征服者諾曼第公爵的子孫，就能享盡教育資源。擇優入取的制度也可理解為一種保守思想的實踐，希望運用科學方法來剝削他人，堅信人類各因其價值而歸類於階級中的位置，且階級永世不變——菁英在最上層，概念上可歸為流氓無產階級的一群人，則落入最底層。

我們當今生活的年代既艱困又冷漠，一部分是因為近幾十年來，橫掃全球的民主化浪潮所致。柏林圍牆倒塌象徵人類從極權統治中重獲自由，同時也釋放出資本主義格外致命的破壞力。悲觀主義者或許還會主張，某程度上，有賴「鐵幕」後猶如半個奴隸的階級存在，整個人類才能有所警惕，在二十世紀取得如此之多的社會民主進步。然而，鐵幕後的人民從共產極權統治中爭得自由後，資本主義國家因為不再擔心共產主義再起，所以對窮苦的勞工也沒多優待。

總體來說，英國還不算是「不宜人居」的國家。不慎失言，也不怕半夜有人登門造訪，請你跟他們走一趟。想寄封信，通常也能寄達目的地，不怕信件搞失蹤。選舉投票，仍有意義，不是做做樣子而已，如果病了，也總有人會來照料。要是父母有點資產，出生在英國更可算是幸運，比世上許多地方都強。不過，若是你選錯出身地，或者眼前資源有限，選擇不多，那麼日子也可能很難過。

市場機制不保證人人生活無虞，辛苦工作，也未必見得能改善生活。現代生活造成原子化的個人處境，破壞了傳統安全網，又暗中削弱固有的協調機制，有時或許還讓個人的掙扎感覺更加艱困。若自由真的有意義，必定是指所有人都能生活得有尊嚴，而非讓日漸壯大的消費階級來指揮另一個階級，即便偶有能向上爬的梯子出現，提供少數幸運兒翻身，成為小說《時光機器》中在地面上享福的埃洛依人。普遍的自由仍應是我們所求。

我們大多數都無法幸運翻身，遲早得選邊站，因為人生並非只是一連串獨立發生的事件，互不牽連，也不是六千五百萬人盲目跟從一套可靠的經濟「法則」，就能讓所有人都過好日子。事實是，生活即鬥爭，是彼此競爭的因素互相角力，總會有一方佔了上風，終而勝出。

註釋

Part I

1 作者聽到的對話，24 March 2016.
2 同事的說法，23 March 2016.
3 同事的說法，3 April 2016.
4 同事的說法，24 March 2016.
5 https://archive.org/stream/principlesofscie00taylrich#page/40/mode/2up
6 http://www.bus.lsu.edu/bedeian/articles/MostInfluentialBooks-OD2001.pdf
7 主管的說法，24 March 2016.
8 http://www.hemeltoday.co.uk/news/worker-suspended-over-suckers-slur-1-5382838
9 上工第一天的對話，15 March 2016.
10 作者訪問克里斯，16 April 2016.
11 http://amazon-operations.co.uk/the-complete-package/about-our-fulfilment-centres

12 https://www.ft.com/content/90fb85a8-ff5d-11e6-8d8e-a5e3738f9ae4
13 http://www.ft.com/cms/s/0/0d4434d6-fbe3-11e5-b3f6-11d5706b613b.html#axzz4AJgkDRug
14 http://www.thisismoney.co.uk/money/mortgageshome/article-3464221/Propertyearns-two-five-workers-Average-house-price-rise-exceeds-38-salaries.html
15 http://www.insse.ro/cms/en/content/earnings-1991-monthly-series
16 http://www.ilivehere.co.uk/statistics-rugeley-staffordshire-33040.html
17 https://campaign.goingtowork.org.uk/petitions/amazon-co-uk-work-with-gmb-togive-temp-workers-a-decent-job
18 作者訪問克蕾兒，22 April 2016.
19 主管的說法，23 March 2016.
20 Transline 窗口的說法，8 April 2016.
21 作者目擊的事件，25 March 2016.
22 作者聽到的對話，31 March 2016.
23 http://www.expressandstar.com/editors-picks/2015/03/04/in-pictures-pit-sites-afterthe-mining-years/
24 https://www.thesun.co.uk/news/1246497/sports-direct-founder-mike-

ashleyaccused-of-running-a-gulag-after-mp-grilling/

25 作者訪問艾利克斯，7 April 2016.

26 作者訪問艾利克斯，7 April 2016.

27 Ruth Cherrington, Not Just Beer and Bingo! A History of Working Men's Clubs,AuthorHouse, 2012.

28 http://www.bbc.co.uk/history/domesday/dblock/GB-404000-318000/page/5

29 傑夫的說法，7 April 2016.

30 http://www.mirror.co.uk/money/youll-work-81-same-retirement-7472990

31 http://www.theguardian.com/money/2012/jun/13/number-working-pensioners-upons

32 http://www.expressandstar.com/news/2011/09/17/rugeley-amazon-swamped-withjob-applicants/

33 http://www.centreforcities.org/wp-content/uploads/2015/03/15-03-04-A-Centuryof-Cities.pdf

34 Transline 窗口的說法，1 April 2016.

35 亞馬遜窗口的說法，1 April 2016.

36 http://www.dailymail.co.uk/news/article-2304042/Iain-Duncan-Smith-right-You-CAN-live-just-53-week-says-cash-strapped-teacher-Kath-Kelly-survived-year-1-

day.html

37 https://www.jrf.org.uk/report/minimum-income-standard-uk-2015

38 作者訪問諾爾貝，20 April 2016.

Part II

1 同事的說法，25 August 2016.

2 作者訪問羅雪兒，29 September 2016.

3 http://www.skillsforcare.org.uk/Document-library/NMDS-SC,-workforceintelligence-and-innovation/NMDS-SC/State-of-2014-ENGLAND-WEB-FINAL.pdf

4 維琪於訓練第一天的言論，25 July 2016.

5 http://www.skillsforcare.org.uk/Document-library/NMDS-SC,-workforceintelligence-and-innovation/NMDS-SC/State-of-2014-ENGLAND-WEB-FINAL.pdf

6 作者訪問海柔，19 September 2016.

7 http://www.blackpoolgazette.co.uk/news/homelessness-worse-than-in-parts-oflondon-1-7864998

8 https://www.theguardian.com/society/2016/sep/28/eviction-by-private-

landlordmaking-record-numbers-homeless-in-uk

9 http://www.lythamstannesexpress.co.uk/news/suicide-rate-in-resort-is-uk-s-fourthworst-1-7732342

10 https://www.theguardian.com/money/2016/aug/09/england-one-in-three-familiesone-months-pay-losing-homes-shelter-study

11 https://www.housing.org.uk/blog/the-fall-and-rise-of-homelessness-in-the-uk/

12 http://www.skillsforcare.org.uk/Document-library/NMDS-SC,-workforceintelligence-and-innovation/NMDS-SC/State-of-2014-ENGLAND-WEB-FINAL.pdf

13 https://www.kingsfund.org.uk/projects/time-think-differently/trends-workforcesocial-care

14 http://www.mbs.ac.uk/news/research/people-management-organisations/wheredoes-the-money-go-when-your-local-authority-pays-more-than-5001-per-week-fora-care-home-bed/

15 作者訪問海柔，19 September 2016.

16 作者訪問同事，25 August 2016.

17 作者訪問同事，25 August 2016.

18 http://www.ageuk.org.uk/latest-press/age-uk-pilot-programme-shows-

greatpromise-in-reducing-loneliness/

19 http://www.telegraph.co.uk/news/health/elder/9011050/Half-of-care-homeresidents-exposed-to-medication-errors.html

20 http://dera.ioe.ac.uk/28575/1/CBP-7905_Redacted.pdf

21 作者訪問羅雪兒，29 September 2016.

22 艾倫・維德的說法，29 July 2016.

23 作者訪問蓋茲，15 August 2016.

24 https://www.gov.uk/government/uploads/system/uploads/attachment_data/file/347915/Elitist_Britain_-_Final.pdf

25 http://www.bmstores.co.uk/news/bandm-celebrates-opening-of-500th-store

26 http://www.telegraph.co.uk/finance/newsbysector/retailandconsumer/6570626/Woolworths-the-failed-struggle-to-save-a-retail-giant.html

27 https://www.streetcheck.co.uk/postcode/fy15ee

28 https://www.blackpool.gov.uk/Your-Council/The-Council/Documents/Child-Poverty-Framework.pdf

29 William Hutton, A Description of Blackpool in Lancashire Frequented for Sea Bathing,Pearson and Rollason, 1789.

30 作者訪問艾登，17 August 2016.

31 http://news.bbc.co.uk/1/hi/uk/5260652.stm

32 http://www.lancashire.gov.uk/lancashire-insight/economy/employment-surveys/sector-c-manufacturing-plus-focus-on-arospace.aspx

33 http://www.parliament.uk/business/committees/committees-a-z/commons-select/communities-and-local-government-committee/news-parliament-2015/adult-socialcare-full-report-published-16-17/

Part III

1 https://www.theyworkforyou.com/debates/?id=2013-06-27a.566.0

2 https://www.ifs.org.uk/uploads/publications/wps/WP201431.pdf

3 http://www.nuffieldfoundation.org/news/students-poorer-backgrounds-do-less-welluniversity

4 http://www.bbc.co.uk/news/education-33983048

5 https://www.ft.com/content/6a8544ae-9d9e-11e4-8ea3-00144feabdc0

6 https://www.unison.org.uk/at-work/energy/key-issues/call-centres/

7 http://www.bbc.co.uk/news/uk-36389824

8 訓練人員的說法，14 November 2016.

9 作者訪問「閃電」艾倫．普萊斯，14 December 2016.

10 http://www.nationalarchives.gov.uk/pathways/census/pandp/places/seng.htm
11 http://www.nytimes.com/1984/11/14/world/macmillan-at-90-rouses-the-lords.html?mcubz=0
12 https://beastrabban.wordpress.com/2016/06/04/the-miners-strike-and-times-editorcharles-moores-hatred-of-the-working-class/
13 http://www.walesonline.co.uk/news/wales-news/miners-strike-five-monthssouth-6841329
14 http://www.walesonline.co.uk/business/business-news/best-wales-contact-centreindustry-10987338
15 http://www.walesonline.co.uk/business/business-news/bbcs-call-centre-givesdistorted-4705677
16 http://citeseerx.ist.psu.edu/viewdoc/download?doi=10.1.1.502.9852&rep=rep1&type=pdf
17 http://www.dailymail.co.uk/news/article-2351291/One-people-town-antidepressants-Is-local-GPs-fear-benefits.html
18 http://www.bbc.co.uk/news/uk-wales-35930158

Part IV

1 https://www.theguardian.com/money/2017/jul/03/one-in-seven-private-tenantspays-more-than-half-income-in-rent-study-finds

2 http://news.sky.com/story/welfare-reforms-fuel-rise-in-homelessness-says-nationalaudit-office-11033248

3 https://www.standard.co.uk/news/london/londons-3bn-ghost-mansions-foreigninvestors-are-using-capital-s-finest-homes-as-real-life-monopoly-9128782.html

4 https://www.ons.gov.uk/employmentandlabourmarket/peopleinwork/employmentandemployeetypes/articles/trendsinselfemploymentintheuk/2001to2015

5 http://www.telegraph.co.uk/finance/jobs/12106318/The-self-employed-willovertake-the-public-sector-with-the-gig-economy.html

6 https://tfl.gov.uk/info-for/taxis-and-private-hire/licensing/licensinginformation#on-this-page-0

7 https://www.theguardian.com/business/2017/apr/05/deliveroo-couriers-employeesmanagers

8 https://www.judiciary.gov.uk/wp-content/uploads/2016/10/aslam-and-farrar-vuber-employment-judgment-20161028-2.pdf

9 https://www.uber.com/sw-KZ/helping-cities/

10 https://www.theguardian.com/business/2017/feb/06/uber-driver-mps-selectcommittee-minimum-wage

11 https://www.nytimes.com/interactive/2017/04/02/technology/uber-driverspsychological-tricks.html

12 https://www.nytimes.com/interactive/2017/04/02/technology/uber-driverspsychological-tricks.html

13 優步訓練課程 8 April 2017.

14 優步訓練課程 8 April 2017.

15 https://www.ft.com/content/190f12c4-0d92-11e7-a88c-50ba212dce4d

16 https://www.ft.com/content/c63f9500-1965-11e4-9745-00144feabdc0

17 https://www.theguardian.com/technology/2016/oct/28/uber-uk-tribunal-selfemployed-status

18 https://www.theguardian.com/technology/2017/nov/24/uber-to-take-appeal-overruling-on-drivers-status-to-uk-supreme-court

19 作者訪問法拉爾 21 April 2017.

20 http://www.standard.co.uk/news/transport/call-for-uberpool-to-be-banned-afterwoman-attacked-by-men-who-didnt-want-to-share-minicab-a3270581.html

21 https://www.citizensadvice.org.uk/about-us/how-citizens-advice-works/media/pressreleases/bogus-self-employment-costing-millions-to-workers-and-government/

22 http://www.fleetnews.co.uk/fleet-management/fleets-in-focus-citysprint/45492/page/3

23 http://www.telegraph.co.uk/news/2016/04/30/fears-overexcessive-and-unsafe-65-hour-weeks-for-uber-cabdrivers/. As a point of comparison, the legal safety limit for a bus and lorry driver is fifty-six hours a week.

24 https://www.nytimes.com/2015/12/11/business/a-middle-ground-betweencontract-worker-and-employee.html?_r=2

25 https://www.buzzfeed.com/saraspary/deliveroos-founder-says-he-cant-give-workersmore-rights?utm_term=.ncKlwpJWJ#.aaqepWx5x

26 http://lexisweb.co.uk/cases/2002/november/flynn-v-torith-ltd

27 https://tfl.gov.uk/info-for/media/press-releases/2017/september/licensing-decisionon-uber-london-limited

28 https://www.theguardian.com/uk-news/2017/jul/18/acid-attacks-delivery-

driversparliament-protest

29 https://www.theguardian.com/uk-news/2017/jul/07/surge-in-acid-attacks-inengland-leads-to-calls-to-restrict-sales

國家圖書館出版品預行編目（CIP）資料

沒人雇用的一代：零工經濟的陷阱，讓我們如何一步步成為免洗勞工 / 詹姆士．布拉德渥斯 (James Bloodworth) 著；楊璧謙 譯 . -- 初版 . -- 臺北市：遠流，2019.05

面；　公分

譯自：Hired

ISBN 978-957-32-8536-6 (平裝)

1. 勞動經濟　2. 勞動問題　3. 英國

556　　108004968

沒人雇用的一代：
零工經濟的陷阱，讓我們如何一步步成為免洗勞工

作者／詹姆士．布拉德渥斯
譯者／楊璧謙
總編輯／盧春旭
執行編輯／黃婉華
行銷企畫／鍾湘晴
封面設計／謝佳穎
內頁排版設計／ Alan Chan

發行人／王榮文
出版發行／遠流出版事業股份有限公司
地址：臺北市南昌路二段 81 號 6 樓
電話：(02) 2392-6899
傳真：(02) 2392-6658
郵撥：0189456-1

著作權顧問／蕭雄淋律師
2019 年 5 月 1 日　初版一刷
新台幣定價 380 元（如有缺頁或破損，請寄回更換）

ISBN 978-957-32-8536-6

YLib 遠流博識網
http://www.ylib.com
E-mail: ylib @ ylib.com